Der Patentanspruch

Von

Dr. Emil Müller
Patentanwalt in Berlin

Berlin und Leipzig 1925

Walter de Gruyter & Co.
vormals G. J. Göschen'sche Verlagshandlung / J. Guttentag, Verlagsbuchhandlung / Georg Reimer / Karl J. Trübner / Veit & Comp.

Inhaltsverzeichnis.

Patentrechtliches Denken.

Der Aufbau des Patentanspruchs.

Auslegung des Patentanspruchs.

Vorwort.

Der Patentanspruch bildet seit einer Reihe von Jahren den Mittelpunkt patentrechtlicher Erörterungen. Wenn der Verfasser trotzdem über dieses Thema die nachstehende Schrift veröffentlicht, so ist er von der Hoffnung geleitet, daß er doch eine neue Seite dieses vielbearbeiteten Gebiets berührt hat.

An der Hand des Patentanspruchs ist versucht worden, die verschiedenen Methoden, naturwissenschaftliche und juristische, die ja beide im Patentrecht eine Rolle spielen, darzulegen und abzugrenzen, die Bildung der Begriffe und ihre Voraussetzungen, soweit sie im Patentrecht eine Rolle spielen, aufzuzeigen, das Wesen der Definition zu zeigen und die Frage zu beantworten, ob der Patentanspruch eine Definition ist, kurz, die Elemente patentrechtlichen Denkens klarzustellen.

Weiter ist der Aufbau des Patentanspruchs besprochen, wie man dabei vorzugehen hat unter Berücksichtigung der Praxis des Patentamtes. Es ist dabei immer an Hand von Entscheidungen versucht worden, die praktische Bedeutung klarzumachen und die Stellungnahme des Amtes aufzuzeigen.

Schließlich ist die Auslegung des Patentanspruchs, die verschiedenen Theorien der Auslegung und die Praxis dargelegt und dabei durch Entscheidungen verdeutlicht worden.

Vielleicht, daß das kleine Buch auf Interesse stößt.

Patentrechtliches Denken.

Naturwissenschaftliches und rechtliches Element.

Im Patentrecht kann man in der Bearbeitung des zugrunde liegenden Stoffes grundsätzlich zwei Elemente unterscheiden. Einmal handelt es sich um Maschinen, Einrichtungen, chemische Vorgänge, kurz um technische Erscheinungen, d. h. Erscheinungen der angewandten Naturwissenschaft. Diese Dinge können betrachtet werden ganz ohne Rücksicht darauf, daß es sich um Erfindungen handelt, rein als technische Erscheinungen.

Aber im Patentrecht handelt es sich doch um Rechte, d. h. der zugrunde liegende Stoff, die Maschinen, Einrichtungen usw. sind Gegenstände von Rechten. Hier wird also derselbe Stoff in eine rechtliche Betrachtung eingespannt, und die Frage ist nun die, wie weit im Patentrecht die technische, d. h. naturwissenschaftliche Betrachtung und wie weit rechtliche Betrachtung geht und ob die Methoden dieser Betrachtung dieselben sind.

Nach einer anderen Richtung hin kann man auch zwei verschiedene Elemente betrachten. Alle diese Vorrichtungen und Verfahren stellen etwas dar, was in der Außenwelt, räumlich, zeitlich vor sich geht und mit den Sinnen wahrgenommen werden kann. Andererseits sollen aber diese Erscheinungen mitgeteilt werden. Sie sind Gegenstand formulierter Rechte. Man hat also zu unterscheiden Anschauung und Begriff.

Anschauung und Begriff.

In der Literatur des Patentrechtes finden sich in den letzten Jahren Ausführungen, die einen Ausschnitt darstellen einer Erscheinung, die sich auch auf anderen Gebieten bemerkbar macht und die auch in der Philosophie unserer Zeit ihren Niederschlag gefunden hat. Man meint da, daß man nicht einem festen, starren Sein gegenüberstände, sondern einem dauernd

Fließenden, sich dauernd Verändernden, das immer neue Seiten zeigt, immer neue Beziehungen erkennen läßt.

Zu den Philosophen dieser Richtung gehören insbesondere Bergson, auch Nietzsche, Dilthey, ferner Simmel. Es sind das die Philosophen, die den Begriff des Lebens oder des Erlebens in den Mittelpunkt ihres Denkens gestellt haben.

> Simmel[1]) schreibt z. B.: „Das Leben kämpft vermöge seines Wesens als Unruhe, Entwicklung, Weiterströmen dauernd an gegen seine eigenen festgewordenen Erzeugnisse, die mit ihm nicht mitkommen. Da es aber seine Außenexistenz nicht anders finden kann als eben in irgendwelchen Formen, so stellt sich dieser Prozeß sichtbar und benennbar als Verdrängung der alten Form durch eine neue dar. Der fortwährende Wandel ist das Zeichen oder vielmehr der Erfolg der unendlichen Fruchtbarkeit des Lebens, aber auch des tiefen Widerspruchs, in dem sein ewiges Werden und Sichwandeln gegen die objektive Gültigkeit und Selbstbehauptung seiner Darbietungen und Formen steht, an denen oder in denen es lebt. Es bewegt sich zwischen Stirb und werde — Werde und stirb."

Da nun aber der Begriff etwas Starres ist, so kämpft man gegen den Begriff, weil er das Lebendige unlebendig macht, weil er die Dinge vergewaltigt und in eine feste Form zwingt. Man will los vom Begriff und man will näher an die Dinge heran. Nicht nur in der Philosophie zeigt sich das; wenn z. B. die freie Rechtsschule lehrt, daß der Richter nur an das Gesetz gebunden sei, soweit der klare Wortlaut der Norm reicht, daß jenseits davon der Richter frei entscheiden dürfe, oder wenn sogar die Meinung vertreten wird, daß der Richter unabhängig von jeder ihm gegebenen Norm entscheiden soll, daß er die Norm erst selbst bilden soll, so ist das ebenso dieser Kampf gegen den Begriff, der die Dinge in ein Schema gespannt und damit das Fließende und die bunte Fülle des Lebens vergewaltigt hat.

Im Patentrecht, besonders in den Aufsätzen Wirths, findet man ähnliche Ausführungen, daß die begriffliche Auffassung

---

[1]) Der Konflikt der modernen Kultur, 1918.

immer nur eine Seite der Erfindung darstelle, daß sie die Erfindung in ein gewisses Schema zwänge und daß sie damit den Dingen Gewalt antue, weil die wirkliche Erfindung dieses Schemas spotte, daß es unmöglich sei, mit Hilfe der begrifflichen Auffassung die Erfindung vollkommen aufzufassen. Es wird ausgeführt, daß die Erfindung im Verletzungsprozeß ganz anders aussehe als im Stadium der Anmeldung, weil immer neue Seiten auftauchen, weil immer andere Beziehungen zutage treten, von denen man bei der Anmeldung selbst als Erfinder keine Ahnung gehabt hat, weil eben die weitere Entwicklung, also das Leben, die Erfindung immer anders erscheinen ließe.

Ganz anders Hartig. Für ihn ist die Erfindung etwas fest Umrissenes, so wie ein Stück Land; etwas, das durchaus erkannt werden kann und vollkommen in Begriffen erschöpft werden kann. Es gibt für ihn keinen Zweifel, daß die Erfindung begrifflich erkannt werden kann.[1]) Er sieht auch nicht, daß der Begriff immer nur eine Darstellung des Dinges von einer Seite gibt. Er meint vielmehr, daß die Erfindung zunächst eine begrifflich einheitliche Auffassung vertragen müsse (a. a. O. S. 146) und daß das vollkommene Erkennen der Erfindung nur mittels einer logisch fehlerfreien Definition zu ermöglichen sei (a. a. O. S. 152).

Für Hartig also gibt ganz im Gegensatz zu dem Obengenannten die begriffliche Auffassung das eigentliche Wesen der Dinge wieder. Hier gelangt man von den Äußerlichkeiten nach Hartig zu ihrem inneren Kern; er hat keinen Zweifel darüber, daß es möglich ist, die Erfindung vollkommen zu erkennen, und zwar gleich von vornherein zu erkennen. Er übersieht dabei den Veränderungscharakter, den alle Dinge zeigen. Für ihn ist die Erfindung etwas ganz Konkretes, Bestimmtes, fest Umrissenes, das so, wie es ist, bleibt und sich nicht verändert. Die Erfindung kann also erkannt werden, und zwar von vornherein erkannt werden, und man muß sich nur Mühe geben, und wenn der Erfinder das nicht tut, so muß er es eben tragen. Er kann von vornherein seine Erfindung vollkommen erkennen und entsprechend

---

[1]) Hartig, Studien in der Praxis des Kaiserlichen Patentamtes, 1890, S. 130.

unter Schutz stellen. Gelingt ihm die vollkommene Erkenntnis nicht, so hat er es zu tragen, und es darf nicht die Industrie damit belastet werden, daß eine nachträgliche bessere Erkenntnis der Erfindung den einmal gegebenen Schutz irgendwie ändert.

Die Philosophen des Lebens, die da los wollen vom Begriff, setzen an dessen Stelle die Intuition, und die Patentrechtler setzen an dessen Stelle die Anschauung. So findet man in der Patentliteratur die Auffassung vertreten, daß man ausgehen müsse von der Anschauung der ausgeführten Erfindung; oder es wird gesagt, daß der Patentanspruch keine begriffliche Darstellung der Erfindung darstellen dürfe, und es wird mit der begrifflichen Darstellung gleichgesetzt die Definition, daß also der Patentanspruch keine Definition darstellen solle, sondern vielmehr eine Beschreibung des anschaulich Gegebenen. Ist das aber richtig? Was gegen die Intuition zu sagen ist, das trifft auch zu auf die Anschauung in bezug auf das Patentrecht. Bei beiden handelt es sich darum, die Dinge zu erkennen. Mit der Anschauung oder mit der Intuition allein ist noch nichts gewonnen, Anschauung oder Erleben ist noch nicht Erkennen. Erkennen, d. h. Zusammenhänge auffinden, heißt begreifen, also in Begriffe fassen. Es gilt das Wort Kants: „Anschauungen ohne Begriffe sind blind, Begriffe ohne Anschauungen sind leer."

„Man spricht von einem Hunger nach Anschauung in unserer Zeit, und das Bedürfnis nach Intuition läßt sich überall dort gut verstehen, wo gewisse Formen, die das Leben annimmt, sich ‚überlebt' haben, oder wo Begriffe, die nur an einem besonderen Teil der Weltinhalte gebildet und insofern einseitig ausgefallen sind, zu Weltallbegriffen erweitert werden, wie z. B. bei der ‚monistischen' oder der mechanistischen Weltanschauung. Ihnen gegenüber kann eine Abneigung gegen die tötenden Formen entstehen. Begründet aber ist sie nur, falls sie sich allein gegen besondere A r t e n von Formen richtet. Irgendwelche Verstandesformen bleiben unentbehrlich. Auch eine Philosophie der Erlebnisinhalte kommt ohne Begriffe nicht aus. Sie bliebe sonst theoretisch unverständlich, könnte überhaupt nicht in sinnvollen Sätzen zum Ausdruck gebracht werden.

Jede Philosophie sieht sich also vor die Frage gestellt, in welche Formen die Lebensinhalte eingehen müssen, um für die philosophische Auffassung des Lebens bedeutsam zu werden, und damit hat sich der Schwerpunkt vom Lebensinhalt wieder auf die Lebensform verschoben. Daß gewisse Formen das Leben töten, bedeutet lediglich etwas Negatives. Wo man glaubt, nur Erlebnisinhalte ohne jede Form in die Wissenschaft aufzunehmen, täuscht man sich, denn erst in der Form des Begriffs hört die Anschauung auf, theoretisch ‚blind' zu sein, wird sagbar, übertragbar, theoretisch different oder wahr. Absolute Formlosigkeit kann daher die Wissenschaft nie ‚lebendig' machen, sondern sie muß sie ‚töten'."[1])

„Meint der Intuitionist, daß der Philosoph nicht allein das Denken, sondern auch die Anschauung braucht, um zu erkennen, so ist dagegen nicht das Geringste zu erinnern. Aber das kommt auf eine Ansicht hinaus, die heute niemand mehr ernsthaft bestreitet, und eine Philosophie des intuitiv erfaßten Lebens läßt sich daraus gewiß nicht machen. Soll der Ausdruck Intuition als Terminus verwendbar bleiben, so muß das Schauen oder die Anschauung im Gegensatz zum logischen Denken stehen, und falls man diese Bedeutung meint, gibt es keine intuitive ‚Erkenntnis'. Zu allem Erkennen gehört vielmehr außer dem anschaulichen auch das begriffliche Moment. Damit aber ist der Intuitionismus grundsätzlich durchbrochen. Ohne ein begriffliches Prinzip der Auswahl kommt keine Philosophie zustande."[2])

Das gilt alles auch für die „Anschauung" im Patentrecht. Mit der Anschauung allein ist es also nicht gemacht, sondern stets ist die Erfindung begrifflich aufzufassen. Außerdem ist ja die Anschauung ein individual-psychologischer Vorgang. Erforderlich ist aber doch eine Mitteilung des Angeschauten, eine Beschreibung der Erfindung und ein Patentanspruch. Schon deshalb also bedarf man der Begriffe.

Das bedeutet allerdings, daß man die Dinge einspannt und in gewissem Sinne vergewaltigt, daß man das Formlose formt.

---

[1]) Rückert, Philosophie des Lebens, Tübingen 1920, S. 42 ff.

[2]) Rückert, Philosophie des Lebens, Tübingen 1920, S. 56 ff.

Wort und Begriff. Der Patentanspruch ist also stets etwas Begriffliches. Es ist dabei zu unterscheiden zwischen dem Wort und zwischen dem Begriff. Das Wort oder der Name „ist ein willkürlich gewähltes Wort, geeignet, als ein Zeichen zu dienen, das in unserem Geiste einen Gedanken, der einem unserer früheren Gedanken ähnlich ist, zu erzeugen vermag, und das, zu anderen gesprochen, diesen ein Zeichen für den Gedanken sein kann, den der Sprecher im Sinne hat" (Hobbes). Es ist also das Wort zu unterscheiden von dem Gedanken und von seiner Bedeutung. Welches ist nun die Aufgabe der Wortbedeutung? Die Außenwelt stellt sich dar in einer unübersehbaren Fülle von Erscheinungen; sie ist uns durch die Anschauung gegeben. Nun ist es schlechterdings unmöglich, diese Fülle der Erscheinungen so, wie sie die Anschauung uns gibt, wiederzugeben, weil jeder, auch der kleinste Gegenstand der Außenwelt eine unübersehbare Fülle von Eigenschaften zeigt. Ich kann über den Federhalter, mit dem ich schreibe, ein Buch schreiben, ohne daß es mir gelingt, vollkommen alles wiederzugeben, was er mir durch seine Anschauung bietet, d. h. ihn in der Fülle seiner Beziehung zu anderen Dingen darzustellen. Je näher ich den Federhalter untersuche, um so mehr finde ich Eigentümlichkeiten, und bei jeder weiteren näheren Zerlegung finde ich Neues.[1]) Das, was nun eine Fülle von Anschauungen in uns wiedererweckt, das ist das Wort. Wenn ich das Wort „Federhalter" ausspreche, so erzeugt es in mir eine Vorstellung, in der diese Vielheiten enthalten sind. Diese allgemeinen Wortbedeutungen finden wir vor; sie sind vorhanden oder sie bilden sich bei neuen Erscheinungen, wie beispielsweise neuen Dingen der Technik. Das Wort „Automobil" beispielsweise erweckt in uns eine gewisse Vorstellung von zusammengehörigen Dingen. So hat also das Wort die Wirkung einer Vereinfachung der Außenwelt, es wird durch ein Zeichen eine gewisse Zahl von Eigenschaften zusammengefaßt.

Aber mit der Zusammenfassung durch Worte ist der Wissenschaft noch nicht genügt; die Worte haben noch eine

[1]) Rickert, Grenzen der naturwissenschaftlichen Begriffsbildung, 2. Aufl., S. 30 ff.

zu große Unbestimmtheit. Sie geben zwar eine Vereinfachung, aber diese Vereinfachung ist nicht so groß, daß nun nur eine bestimmt umgrenzte Vorstellung durch das Wort bei jedem, der es hört, gegeben wird. Die Vorstellung ist unbestimmt. Für das tägliche Leben mag die Angabe einer genauen Bedeutungsbestimmung nicht erforderlich sein; für die Wissenschaft reicht das nicht aus. Bei der Wissenschaft muß vermieden werden, daß Mißverständnisse über die Bedeutung eines Wortes vorkommen, die Vorstellung muß bestimmt sein, sie muß abgegrenzt sein, die Wortbedeutung muß zum Begriff werden. Ohne Begriff ist eine wissenschaftliche Aufnahme der Wirklichkeit unmöglich.

So ist auf der anderen Seite aber auch der Begriff etwas anderes als die Wirklichkeit; er gibt nicht die Vielheit der Wirklichkeit, sondern er faßt die Erscheinungen unter einem bestimmten Gesichtspunkte zusammen, so wie schon das Wort tut, aber der Begriff begrenzt noch diese Auswahl, die schon durch das Wort getroffen ist. Begriffsbildung ist die Verwendung der allgemeinen Wortbedeutungen zu logischem Zwecke. Unter „Begriff" ist also in den nachfolgenden Erörterungen nicht verstanden das äußere Zeichen, sondern die durch das Zeichen hervorgerufene bestimmte Vorstellung. Der Zweck des Begriffes ist, wie oben erwähnt, der, die Vieldeutigkeit der Vorstellungen aufzuheben. Das Mittel, wodurch das erreicht wird, ist die Definition, und zwar hat die Definition die Aufgabe, aus den wesentlichen Merkmalen den Begriff zu bilden.

Begriffsbildung. Welches sind nun aber die wesentlichen Merkmale? Wesentlich setzt voraus, daß auch in der Wortbedeutung unwesentliche Merkmale vorhanden sind. Nach welchen Prinzipien unterscheidet man nun wesentlich von unwesentlich? Welches ist der maßgebende Gesichtspunkt? Nach Hartig [1]) ist die Art, wie wir zu dieser Definition gelangen, die, daß möglichst viele Gegenstände der Wirklichkeit ausgewählt und verglichen werden, für welche die Sprache die gleiche Bezeichnung mit Sicherheit

[1]) Hartig, Studien usw., S. 9.

ohne Schwanken anwendet. Es werden hierauf diejenigen begrifflichen Momente aufgesucht, welche diesen Gegenständen gemein sind; für alle Fälle, in denen der Sprachgebrauch schwankt, dient alsdann die so gewonnene Definition als Mittel und Instanz der Entscheidung.

Diese Anschauung ist nicht richtig; denn hier wird einerseits der Begriff benutzt, um die wesentlichen Merkmale von den unwesentlichen dadurch zu unterscheiden, daß sie unter den Begriff fallen; der Begriff seinerseits hat aber doch nur gebildet werden können, wenn man schon wußte, welche Merkmale die wesentlichen sind [1]). Die Antwort dreht sich im Kreise. Wenn z. B. für einen Zoologen die Aufgabe der Definition des Begriffs „Fisch" gegeben wäre, so müßte er nach der Hartigschen Lehre den Walfisch zu den Fischen rechnen, da der Sprachgebrauch mit zweifelloser Deutlichkeit ihn zu den Fischen zählt. Der Zoologe zählt aber den Walfisch nicht zu den Fischen. Es gibt also für den Zoologen noch andere Kriterien zur Bestimmung dessen, was wesentlich ist für einen Begriff, hier für den Begriff „Fisch", als den Sprachgebrauch.

Eine Feststellung der Kriterien kann sich nur aus der Aufgabe ergeben, die die Begriffe für die einzelne Wissenschaft haben sollen. Es ist überall ein bestimmter Zweck vorhanden, in Rücksicht auf den die Merkmale geschieden werden in solche, die wesentlich sind, und solche, die unwesentlich sind, je nach den Aufgaben, die sich die betreffende Wissenschaft stellt. Es sind also auch die Zwecke der Begriffe verschieden, und entsprechend sind verschieden die wesentlichen Merkmale. So kann es kommen, daß ein Merkmal einmal wesentlich sein kann und ein anderes Mal unwesentlich, je nach dem Zweck, den der Begriff, der zu definieren ist, in der betreffenden Wissenschaft zu erfüllen hat.

Definitionsbildung. Wesentliche und unwesentliche Merkmale.

Wenn man allgemein betrachtet, nach welchem Gesichtspunkt hin in Naturwissenschaft und Technik die Definitionen vorgenommen werden, so sind immer zwei Gesichtspunkte maßgebend.

---

[1]) Rickert, Zur Lehre von der Definition, 2. Aufl., S. 36.

Naturwissenschaftliche Definition. Der erste Gesichtspunkt bei der Bildung von Definitionen in der Naturwissenschaft ist ein innerer. Die Naturwissenschaft ist zum Teil (z. B. die Chemie und Physik) nicht geleitet von äußeren Kennzeichen, sondern von inneren Gesichtspunkten. Es ist das Bestreben dieser Naturwissenschaft, daß sie nicht nur ordnen will, sondern daß sie erkennen will; sie will erklären; sie will nicht nur die Natur beschreiben,[1]) und sie tut das, indem sie allgemeine Gesetze aufstellt, Gesetze von unbedingt allgemeiner Geltung, also von einer Geltung, die über die Erfahrung hinausgeht und Aussagen macht über Dinge jenseits der Erfahrung. Diese Naturgesetze sind aufgebaut auf einer Theorie, die auf der Einsicht in den kausalen oder gesetzmäßigen Zusammenhang aller Dinge beruht. Man nimmt also die verschiedenen Gestaltungen der organischen Welt nicht mehr einfach hin und gruppiert sie, sondern man sucht ihren inneren notwendigen Zusammenhang zu begreifen und unterscheidet danach wesentlich von unwesentlich; derartige Definitionen gehen also auf eine Theorie zurück.

Klassifikation. Der zweite Gesichtspunkt ist der, daß eine Klassifikation aufgestellt wird und definiert wird nach dieser Klassifikation und daß „wesentlich" und „unwesentlich" unterschieden wird nach diesem Gesichtspunkt. Das bekannteste Beispiel für eine solche Klassifikation ist das Linnésche Pflanzensystem.

Hartigs Auffassung. Hartig hat auch dies System der Klassifikation angewendet; z. B. in seiner Definition des Zements unterteilt Hartig den Zement nach dem verschiedenen Verhalten gegen Wasser und Luft. Seine Definition des Portlandzements, die da lautet: [2])

> „Portlandzement ist ein hydraulischer Zement, bei welchem das zur Aufschließung der verwendeten ton- und kalkhaltigen Materialien erforderliche Brennen bis zur Sinterung fortgesetzt worden ist"

---

[1]) Rickert, Grenzen usw., S. 101 ff.
[2]) Hartig, Studien usw., S. 88.

ist eine Definition, die den Zement definiert aus der Herstellung. Da die Definition sich anschließt an eine Definition des Vereins Deutscher Zementfabrikanten, die aufgestellt war zum Zweck der einheitlichen Lieferung und Prüfung von Portlandzement, so sind eben für diesen Gesichtspunkt die wesentlichen Merkmale die, die für die Herstellung und Verwendung wesentlich sind. Aus der unendlichen Vielheit der Eigenschaften des Zements sind diese als wesentlich herausgenommen. Hartig hat z. B. auch bei seiner Unterscheidung zwischen Werkzeug, Triebzeug, Mechanismus und Maschine eine nach einer rein äußerlichen Klassifikation gebildete Definition der verschiedenen Begriffe der mechanischen Technik vorgenommen. Er geht dabei davon aus, daß der Sprachgebrauch eben diese unterscheidet, irgendeinen inneren Grund für die Unterscheidung gibt er nicht an. Er will eine Ordnung schaffen, und er schafft sie mit Hilfe einer äußerlichen Klassifikation, die von äußerlichen Kennzeichen ausgeht. Eine Definition nach der Klassifikation ist stets willkürlich.[1])

Es sind bei der unübersehbaren Mannigfaltigkeit der Körperwelt unendlich viele Klassifikationen möglich. Mit Worten ist von diesen Klassifikationen stets nur ein kleiner Teil ausführbar; Worte selbst bilden ja schon eine Vereinfachung der Wirklichkeit, wie oben dargelegt wurde, und für die anderen Beziehungen gibt es eben keine Worte, sie haben sich noch nicht gebildet. Trotzdem sind aber diese Eigenschaften doch vorhanden, und auch sie können Mittel zur Klassifikation geben.

So ist auch Hartigs Definition der Maschine aus dem Arbeitsgange eine rein willkürliche, wie er auch mehr als äußere Gründe, warum er diese Art Definition wählt, nicht angibt. Er schreibt: [2])

> „Fragen wir uns doch, was eine Arbeitsmaschine der hier als Beispiel gewählten Art t u n soll, so müssen wir erkennen, daß sie mechanische Arbeit, also Triebkraft und Bewegung, aus irgendeiner Arbeitsquelle

---

[1]) R i c k e r t, Grenzen usw., S. 60.

[2]) H a r t i g, Studien usw., S. 158 bis 160.

entnehmen, in der Art ihres Wirkens umgestalten und zur Ausübung eines bestimmten ‚Werkes' verwenden soll. Es sind also zeitlich verlaufende Vorgänge, die sich nach dem Willen des Erfinders vollziehen, Betätigungen, von welchen einige, wie die Einführung, die Leitung und Umgestaltung der mechanischen Arbeit, die Stützung der verwendeten Körper u. a., in einer gewissen Gleichförmigkeit bei allen Arbeitsmaschinen sich wiederholen, während eine, die eigentliche Werkerzeugung, der sogenannte Arbeitsprozeß, jeder Arbeitsmaschine den besonderen Charakter aufprägt; dieser Arbeitsprozeß stellt ein dem Geiste wohl Erkennbares dar, das nach seiner eigensten Natur durchaus homogen ist mit menschlichem Tun, das in der Wirklichkeit einerseits an die körperlichen Bestandteile der Maschine, andererseits an das in der Herstellung begriffene Werkstück geknüpft ist, das zu lückenloser Vorstellung jedoch nur mittels einer Denkhandlung gebracht werden kann. Es repräsentiert die in die Körperwelt versetzte, praktisch erprobte, ihrer Natur nach aber nicht körperliche Konzeption des Erfinders. Bei oberflächlicher Auffassung wird dieses grundwesentliche Moment der Arbeitsmaschine gänzlich übersehen, indem man die Maschine nur als ein Ruhendes und Greifbares auffaßt. Es ist Aufgabe der Technologik, eine zutreffende Ausbildung dieses Begriffes der Werkerzeugung, also des vom Erfinder gewollten Tuns der Maschine, zu bewirken und in jedem einzelnen Falle die Darstellung der Werkzeuge nach Form und relativer Bewegung und der Werkstücke vor und nach dem Spiele der Maschine durch diejenigen Gedanken zu ergänzen, welche eine für das Erkennen zureichende Vollständigkeit dieses Begriffes zustande bringen, und denselben durch eine sprachliche Formulierung zutreffend festzustellen.

Was würde nun näherliegen, als diesen Prozeß der Werkerzeugung, des als neu vorausgesetzten faktischen Zusammenspiels der Maschinenwerkzeuge mit den Werkstücken selbst zum Gegenstande des Rechtsschutzes zu machen? Denselben als eine technologische Einheit aufzufassen, die als ein verbaler Begriff, aus welchem die in naher Beziehung stehenden körperlichen Dinge: Erzeugnis, Werkzeug, Maschine begrifflich sich erzeugen, das Objekt des für eine gewisse Zeit verliehenen Rechtes bildet?"

Wenn Hartig dort sagt, daß der Arbeitsprozeß durchaus homogen ist mit menschlichem Tun, so ist das ein rein äußerlicher Vergleich. Mit Vergleichen kann man nichts beweisen, indem man nämlich die Vergleiche so wählen kann, daß sie regelmäßig auf das passen, was man beweisen will. Da er in seinen Definitionen auch die Begriffe: Werkzeug, Maschine usw. verwendet, die, wie oben erwähnt, rein äußerlich sind, denen jeder innere Grund fehlt, so sind auch diese Ableitungen rein äußerliche.

Hartig sagt nicht, aus welchen Gründen heraus er gerade diesen Arbeitsgang wählt, um danach den Begriff der Erfindung zu bilden, er begnügt sich mit der Frage: Was läge wohl näher? Das ist keine Begründung. Wenn man sich vergewissert, weswegen er den Arbeitsgang wählt, so ist es der Gedanke, daß er erkennen will die Betriebsweise der Maschine. Ihn leitet also der Wunsch nach Erkenntnis, und zwar als Technologe der Wunsch nach naturwissenschaftlicher Erkenntnis, und da naturwissenschaftliche Erkenntnis stets kausale Erkenntnis ist, so will er also mit seiner Betrachtung des Arbeitsvorganges der Maschine sich eine kausale Erkenntnis der Arbeitsweise der Maschine verschaffen.

Juristische Definition. Ist es nun aber diese kausale Erkenntnis des Arbeitsganges, die für die juristischen Definitionen in Betracht kommt? Sind nach diesen Gesichtspunkten der kausalen Erkenntnisse hierbei die wesentlichen von den unwesentlichen Merkmalen zu unterscheiden?

Das ist meines Erachtens durchaus falsch. Wie oben gezeigt, ist jede Definition teleologisch; je nach dem Zweck, den die Wissenschaft verfolgt, sind die Begriffe zu bilden. Welches ist nun der Zweck des Rechts? „Das Recht ist dazu da, daß es sich verwirkliche.“ [1]) Wenn das der Zweck des Rechts ist, so wird dieser Zweck den Gesichtspunkt für die Auswahl der wesentlichen von den unwesentlichen Merkmalen bilden.

In einem juristischen Begriff werden wesentlich daher diejenigen Merkmale sein, welche dazu beitragen, daß das Recht sich verwirkliche.[2])

Die Bemühungen werden also dahin gehen, nach diesem Gesichtspunkt möglichst eindeutige Begriffe zu schaffen. Ein Beispiel, das Rickert nach Vorarbeiten Iherings anführt, möge dies verdeutlichen.[3])

> Der Gesetzgeber will, daß die Fälschung von „Geld“ eine bestimmte Strafe nach sich ziehen soll. Zu einer Zeit nun, in welcher das Geld ausschließlich aus Metall gemacht wurde, wird er seinen Willen daher in der Form kundgegeben haben: Wenn jemand Münzen fälscht, soll er so und so bestraft werden. Da man wußte, daß unter den Begriff „Münze“ alle mit einer bestimmten Prägung versehenen Metallstücke fallen, so war die Anwendung dieses Satzes keinen Schwierigkeiten unterworfen. Der Begriff des Geldes war so definiert, daß alles, worauf die Strafe stand, unter ihn fiel. „Gemünztes Metall“ waren seine wesentlichen Merkmale. Von dem Augenblick an aber, wo es Papiergeld gibt, ist die Definition unbrauchbar geworden, und der Jurist muß sie ändern. Dem Gesetzgeber war es offenbar nicht in letzter Linie darum zu tun gewesen, auf die Fälschung von Münzen als solchen die Strafe zu setzen, sondern die Strafe, die auf der Fälschung von Geld stand, war für ihn ein Mittel zur Sicherung des Tauschverkehrs oder dergleichen, und wenn er Geld als gemünztes Metall definierte, so lag das daran, daß, weil es noch kein Papiergeld gab, sein Wille auch mit Hilfe dieser Definition immer zum Ausdruck gebracht werden konnte. Jetzt enthält aber die früher richtige Definition unwesentliche Merkmale und reicht daher nicht aus,

---

[1]) Jhering, Geist des römischen Rechts, Bd. II, 2 S. 322.
[2]) Vgl. hierzu Rickert, Zur Lehre von der Definition, 2. Aufl., S. 37 ff.
[3]) Rickert, Zur Lehre usw., 2. Aufl., S. 40 bis 42.

die Erscheinungen zu kennzeichnen, die strafbar sind. Sie muß so umgestaltet werden, daß Papiergeld auch unter sie fällt. Aber das ist nicht alles. Da man gesehen hat, daß es für den Begriff des Geldes nicht wesentlich ist, aus Metall zu bestehen, überhaupt nicht wesentlich ist, aus einem bestimmten Material zu bestehen, sondern daß es in seiner Eigenschaft als Mittel im Verkehr nicht gefälscht werden darf, so wird man die Bezeichnung des Materials in die Definition des Geldes überhaupt nicht aufnehmen. Da ferner das Merkmal der Prägung fortfällt, so macht man sich klar, daß der Begriff des Geprägten nur insofern in der früheren Definition wesentlich war, als der Gesetzgeber die Fälschung jener Beglaubigung bestrafen wollte, die dem Metall erst seinen eigentlichen Wert als Tauschmittel verlieh; und weil endlich unter den Begriff eines beglaubigten Papiers auch der Wechsel fallen würde, dessen Fälschung der Gesetzgeber in anderer Weise bestrafen will als die des Geldes, so fügt man dem Merkmal der Beglaubigung noch dasjenige der Öffentlichkeit hinzu und definiert das Geld nun als öffentlich beglaubigtes Tauschmittel. Jetzt kann man sicher sein, daß alles, was Tauschmittel und zugleich öffentlich beglaubigt ist, unter den Begriff jener Sache fällt, an deren Fälschung der Gesetzgeber die bestimmte Strafe geknüpft wissen wollte, und insofern sind die Merkmale des Begriffes „Geld" jetzt die wesentlichen.

Kausale Merkmale. Sind danach wesentlich die Merkmale, die für die Rechtsverwirklichung dienlich sind, so bedeutet das nicht, daß diese Merkmale, wie Wirth will, [1]) kausale Merkmale sein müssen, d. h. Ursache und Wirkung angeben müssen. Diese kausale Betrachtung interessiert in diesem Fall nicht, denn für die Rechtsverwirklichung kommt es nur darauf an, daß gewisse Mittel vorliegen. Gewiß sind alle Mittel nichts anderes als auszuwählende Ursachen, aber nur dann, wenn man die Dinge kausal be-

[1]) Mitteilung des Verbandes Bl. 17 S. 126 ff.

trachtet und nicht teleologisch, wie der Patentanspruch verlangt.

Etwas anders liegt die Sache in der Beschreibung. Die Beschreibung ist nach dem Patentgesetz so aufzustellen, daß der Fachmann danach arbeiten kann. Wesentlich sind also die Merkmale, die vorhanden sein müssen, um dem Fachmann das Arbeiten zu ermöglichen. Für diesen Zweck kann es notwendig sein, daß Ursache und Wirkung angegeben werden, daß das kausale Verhältnis aufgeklärt wird. Dieser Zweck ist aber ein ganz anderer als der der Rechtsverwirklichung des Patentanspruches.

Naturwissenschaftliche und juristische Methode.

Die Methode der Naturwissenschaft ist die kausale Methode. Hier wird das Spiel der Kräfte nach Ursache und Wirkung hin untersucht. Alle Teilursachen, die vorhanden sein müssen zur Erzielung der Wirkung, sind gleich notwendig. Die Betrachtung ist vollkommen wertfrei. Bei der juristischen Betrachtung dagegen handelt es sich um eine Wertbetrachtung, es handelt sich um Zwecke, also Werte, die erfüllt werden sollen. Für das Patentrecht ist die kausale Betrachtung nötig zur Erkenntnis und zur Verständlichmachung der Erfindung. Aber sie ist nicht die einzige Betrachtung. Es ist der Fehler insbesondere auch Müller-Liebenaus,[1] abgestellt zu haben auf die naturwissenschaftliche Betrachtung.[2] Für das Patentrecht und seinen Umfang ist das Hauptmoment der Zweck.

Kritik der Hartigschen Auffassung.

Es ist ein Hauptfehler der Hartigschen Auffassung, daß er nicht gesehen hat, daß der Begriff und die Definition immer nur eine Seite der Erfindung darstellen. Hartig will eine begriffliche Auffassung der Erfindung, und zwar will er die Erfindung

---

[1]) R. Müller - Liebenau, Das Wesen der Erfindung. Ein Weg zu ihrer Erkenntnis und richtigen Darstellung. Verlag Julius Springer, 1924.

[2]) Wenn Isay (Gewerblicher Rechtsschutz und Urheberrecht, XXX. Jahrg., S. 52) gegen die Kausalität geltend macht, daß Vernunft, Verstand und Urteilskraft zur Analyse der Erfindung dienen, so ist das unrichtig; Vernunft usw. und Kausalität widersprechen sich nicht, es sind nicht vergleichbare Kategorien.

definieren im Patentanspruch, er will den von ihm so genannten logischen Begriff erhalten.[1])

Er glaubt so, daß er unter Festhaltung der „notwendigen" (wesentlichen) und Fallenlassen der „zufälligen" (unwesentlichen) Bestimmungen zu dem vordringe, was die Erfindung eigentlich sei. Er will die Erfindung definieren durch Gattungsbegriff und differentia specifica. Er sieht dabei nicht, daß er dabei nicht die Erfindung selber, wie er glaubt, erhält, sondern stets schon eine begriffliche Bearbeitung, die in Rücksicht auf gewisse Gesichtspunkte, die man heranträgt an die Dinge, ausgewählt ist. Nach Hartig gibt es nur einen Begriff der Erfindung. Dagegen ist die Definition der erfundenen Maschine nach der Arbeitsweise nur eine Möglichkeit der Auffassung. Der vielgestaltige Erfindungskomplex läßt eine Darstellung der Erfindung zu und fordert sie auch nach anderen Gesichtspunkten wie die Arbeitsweise.[2]) Denn der Zweck der Rechtsverwirklichung der Erfindung erfordert dies. Hartig sieht sich auch genötigt, eine Ausnahme zu machen, denn auch er läßt Einrichtung, Verfahren und Produkt in demselben Patent zu.

Man kann nicht, wie Hartig will, aus der Begriffsbildung materiell-rechtliche Schlüsse über den Teilschutz und dessen Ablehnung ziehen, denn Begriffsbildung und Logik sind an sich rein formal, man muß dazu andere Normen des Patentgesetzes heranziehen.

Von seinem Standpunkt aus wehrt er sich gegen den Schutz der Teile, darin liege eine Verwechselung der begrifflichen Auffassung mit der anschaulichen.[3]) Weil er eben glaubt, durch die Definition das wahre Wesen der Dinge erkannt zu haben, und da die Teile nur Teile sind, so seien sie eben nicht die Erfindung selber. Da man aber in der Definition nur eine begriffliche Bearbeitung und eine Stellungnahme von einem Gesichtspunkt vor sich hat, so ist dadurch allein über den Schutz von Teilen gar nichts ausgemacht.

---

[1]) Hartig, Studien usw., S. 171 bis 173.

[2]) Wirth, Die begriffliche Auffassung der Maschine, in Festgabe für Kohler.

[3]) a. a. O. S. 146.

Hartig, der Mitglied des Patentamtes war, ist zu seiner Auffassung nicht zuletzt durch die amerikanische Praxis gekommen. Da sah er die außerordentliche Zahl der Patentansprüche, die durch einfache Kombination der einzelnen Bestandteile erhalten waren. Er rechnete aus, daß bei einer einfachen Vorrichtung, wie bei einer Pfeffermühle, 32767 Patentansprüche möglich seien durch Kombination der Elemente. Es schien ihm unmöglich, daß eine solche Unzahl von Rechtsansprüchen einer gewissenhaften Prüfung zugängig wären. Es kam ihm vor allen Dingen darauf an, Rechtsunsicherheiten zu vermeiden. Der Erfinder soll wissen, was ihm geschützt ist und was er verbieten kann. Die Industrie soll wissen, was sie tun kann, ohne das Patent zu verletzen. Hier spricht also nicht der Erfinder, hier spricht der Beamte, der Verwaltungsmann, das Mitglied des Patentamtes. Ordnung muß sein. Ordnung ist ihm das höhere Gut, höher, als daß dem Erfinder seine Erfindung in vollem Maße, wie sie gemacht ist, geschützt würde. Ist der unglückliche Erfinder bei seiner Definition nicht weit genug gegangen, hat er zuviel wesentliche Merkmale angegeben, hat er seine Erfindung überbestimmt, so muß er das tragen. Alle Fehler bei der Begriffsbildung fallen dem Erfinder zur Last.

Die bisherigen Ausführungen haben gezeigt, daß mit der bloßen Anschauung nicht auszukommen ist, daß man vielmehr Worte und ihre Bedeutungen braucht, daß diese schon Formungen und damit Einschränkungen des Gegebenen bedeuten, ferner daß die Unbestimmtheit der Wortbedeutung im Begriff weiter eingeschränkt wird, und zwar mittels der Definition.

Patentanspruch als Beschreibung oder Definition.

Hartig [1]) behauptet, daß der Patentanspruch eine Definition der Erfindung darstellen müsse. Von anderer Seite wird behauptet, daß der Patentanspruch nichts sei als eine Beschreibung des Gegebenen. Es wird gegen Hartig geltend gemacht, daß die Definition unterscheide zwischen wesent-

[1]) Hartig, Studien usw., S. 171.

lichen und unwesentlichen Punkten, daß für unwesentlich sehr oft dann das gelten müsse, was aus einem anderen Standpunkte wesentlich wäre.[1]) Die Definition gebe nur eine Seite der Erfindung.[2])

Man muß sich also fragen: Was ist der Unterschied zwischen der Definition und einer Beschreibung, soweit das Patentrecht in Frage kommt?

Im Patentgesetz erscheint die Forderung nach einer Beschreibung im § 20: In der Anlage ist die Erfindung dergestalt zu beschreiben, daß danach die Benutzung durch andere Sachverständige möglich erscheint. Man wählt also hierbei auch aus dem Gegebenen, indem man nur das aufnimmt, was nötig ist, um dem Fachmann die Nacharbeit zu ermöglichen. Man unterscheidet also auch hier zwischen wesentlichen und unwesentlichen Punkten, und so tut man das bei jeder Beschreibung, d. h. man macht genau dasselbe, was man bei einer Definition macht. Denn der Patentanspruch und die Patentbeschreibung ist niemals eine Beschreibung alles anschaulich Gegebenen. Man vergleiche nur eine erfundene Maschine und den Patentanspruch sogar mit der Patentbeschreibung. Wie dürftig ist das im Verhältnis zu dem, was die Anschauung alles gibt. Es fällt eben keinem ein, alles anzugeben, was die Anschauungen ihm liefern, sondern er wählt aus von dem anschaulich Gegebenen. Bei dem anschaulich Gegebenen unterscheidet er zwischen wesentlichen Merkmalen und unwesentlichen. Er hat also einen Gesichtspunkt, nach dem er mißt, was wesentlich ist und unwesentlich. Genau dasselbe tut man aber bei der Definition. Nur ist der Unterschied zwischen Definition und Beschreibung der, daß jedes Mehr oder Minder von Merkmalen seine Bedeutung hat. Während es bei der Beschreibung nichts schadet, ob ich etwas hinzutue, und manchmal, ob ich etwas weglasse, ist bei der Definition die Sachlage nicht so, sondern jedes Mehr oder Minder an Merkmalen hat in irgendeiner Richtung hin seine Bedeutung.

---

[1]) Wirth-Isay, Der Patentanspruch, S. 43.

[2]) Isay, a. a. O. S. 116.

Die Definition will die Unbestimmtheit bestimmter machen. Ihr Ideal ist, daß sie aus vollkommen eindeutigen Begriffen besteht. Dieses Ideal wird allerhöchstens in mathematischen Definitionen erreicht. Sonst besteht jede Definition immer noch aus Begriffen, die vieldeutig sind und deren Vieldeutigkeit wieder durch eine neue Definition aufgehoben werden muß.

Für den Patentanspruch ist der Zweck, nach dem zwischen unwesentlich und wesentlich zu unterscheiden ist, nicht der Gesichtspunkt, dem Fachmann die Nacharbeit zu ermöglichen, sondern es ist anzugeben, was als patentfähig unter Schutz gestellt werden soll, d. h. wesentlich sind die Merkmale, deren wirtschaftliche Ausnutzung dem Erfinder überlassen bleiben soll.

Also Beschreibung und Definition abstrahieren von unwesentlichen Merkmalen, und die beiden enthalten noch unbestimmte Merkmale, die wieder durch weitere Unterscheidung nach dem Gesichtspunkt des Wesentlichen schärfer bestimmt werden.

Man kann den Patentanspruch auch eine Definition nennen, denn das Wesen der Definition ist stets eine Umgrenzung und besteht darin, daß die Summe der Merkmale vorhanden sein muß, damit der Begriff erfüllt ist. Jedes Fehlen von Merkmalen hat seine Bedeutung. Hat der Patentanspruch den Umfang anzugeben, so würde das Fehlen der Merkmale die Bedeutung der Freiheit vom Patent haben. Hat der Anspruch den Gegenstand anzugeben, so würde das Fehlen von Merkmalen die Bedeutung haben, daß erst durch Richterspruch festzustellen wäre, ob das Patent verletzt wird. Sind dagegen alle Merkmale vorhanden, so ist ein Zweifel darüber, daß das Patent verletzt wird, nicht mehr möglich.

Selbstverständlich macht auch die Form, etwa der geschlossene Satz oder Gattungsbegriff und differentia specifica, nicht das Wesen der Definition aus und unterscheidet sie von der Beschreibung. Immer ist zwischen wesentlich und unwesentlich zu unterscheiden. Für jede Erkenntnis gibt es einen Gesichtspunkt, nach dem diese Unterscheidung zu machen ist. Eine Erkenntnis, die das

Ganze erkennen will, gibt es nicht, jede begnügt sich mit einer Seite. Unter dieser Gegenüberstellung von Beschreibung oder Definition drückt sich vielmehr ein anderer Gedanke aus, nämlich der, ob im Patentanspruch angegeben werden soll das, was man den Gegenstand des Patentes genannt hat, oder der Umfang.

Gegenstand oder Umfang. Bei dem Streit um die Bedeutung, um das Wesen des Patentanspruchs stehen sich zwei Auffassungen gegenüber, die nach ihren grundsätzlichen Anschauungen mit Gegenstand und Umfang der Erfindung bezeichnet werden können. Nach der einen Auffassung formuliert der Patentanspruch den Gegenstand der Erfindung, nach der anderen den Umfang des Patentschutzes.

Die Vertreter der Auffassung, daß der Patentanspruch nur die Aufgabe habe, den Gegenstand der Erfindung zu bezeichnen, z. B. Isay und Wirth, sind der Ansicht, es sei unmöglich, die Tragweite der Erfindung zur Zeit der Anmeldung zu übersehen, die Fülle der Benutzungsformen vorauszuahnen. Falls der Anspruch die Aufgabe, den Umfang der Erfindung anzugeben, hat, so muß man die Erfindung vergleichen mit dem, was bekannt ist, aber nicht nur mit dem, was bekannt ist, sondern man muß vorausschauend auch daran denken, in welcher Weise die Erfindung einmal benutzt werden könne. Das würde nach der Anschauung der Vertreter dieser Ansicht dem Patentamt und dem Patentanmelder eine Aufgabe stellen, die unmöglich zu leisten sei. Wie Hagens [1]) ausführt, hat das Reichsgericht wiederholt darauf hingewiesen, daß das Patentamt weder in der Lage sei, alle zukünftig möglichen Patentverletzungen vorauszuahnen, noch alle in der Vergangenheit liegenden, für die Bedeutung der Erfindung in Betracht kommenden Vorgänge völlig zu übersehen; eine sichere Abgrenzung des Patentschutzes nach allen Richtungen sei daher in dem der Beschleunigung bedürftigen Erteilungsverfahren nicht möglich.

Falls der Patentanspruch diese Aufgabe hätte, so müßte er auch zum Ausdruck bringen, welche einzelnen Teile der

---

[1]) Mitteilungen vom Verbande Deutscher Patentanwälte, Bd. 12 S. 178 f.

Erfindung für sich geschützt werden sollen. Das würde aber nach einem Ausspruch des Reichsgerichts im Urteil vom 18. Januar 1890 zu den monströsesten Patentansprüchen führen.

Ferner würde die Sicherheit der Prüfung aller dieser einzelnen Momente außerordentlich erschwert werden wegen des zu großen Umfanges. Die Folge wäre eine Verzögerung und Verschleppung der Patenterteilung und dabei eine unerwünschte Unsicherheit, und endlich würde ein Irrtum über die Wesentlichkeit eines Merkmals oder ein Versehen bei der Aufnahme einzelner Merkmale in den Anspruch den unglückseligen Erfinder um den Erfolg seiner ganzen Mühen bringen.[1])

Die Vertreter dieser Ansicht sind also der Auffassung, daß es eine Forderung der Gerechtigkeit sei, dem Patentanspruch nicht die Bedeutung der Abgrenzung des Schutzes beizulegen; sie sind geleitet von dem Interesse des Erfinders.

Die Vertreter der Ansicht, daß der Patentanspruch doch gerade diese Aufgabe der Abgrenzung des Schutzes habe, führen zugunsten ihrer Ansicht folgendes aus:

Hartig: [2]) „In Rechtssachen ist es für alle Beteiligten dringend erwünscht, das, was Zweifel erregt, fernzuhalten, um die für die Entscheidung wesentlichen Momente mit Sicherheit würdigen zu können; auf der einen Seite steht der Erfinder, auf der anderen die Bevölkerung des Reiches; man kann jenem die lebhaftesten Sympathien entgegenbringen und doch auch — mit Dr. André — eine deutliche Empfindung dafür behalten, daß es nichts Kleines ist, „45 Millionen Menschen die Hände zu binden". Und sodann kann ein Techniker, wenn er aufgefordert wird, vor Gericht als Sachverständiger die Frage „nach Wissen und Gewissen" zu beantworten, ob ein Gegenstand, ein Werkzeug, eine Maschine usw. ein in Geltung befindliches Patent verletze, gar nicht anders verfahren, als immer nur die eine technische und logische Untersuchung durchzuführen, ob der nach seinen wesentlichen Merkmalen, also begrifflich aufgefaßte Gegenstand in die durch das Patent geschützte, durch die

[1]) Wirth-Isay, Der Patentanspruch, S. 116.
[2]) Hartig, Studien usw., S. 260 f.

Formulierung des Patentanspruches präzisierte Begriffssphäre im technischen oder im logischen Sinne hineinfällt oder nicht, ob also zwischen den beiden zu vergleichenden Begriffen das Verhältnis der Unterordnung oder der Nebenordnung, der Einschließung oder der Ausschließung vorliegt. Hierauf läuft die Aufgabe des Begutachters immer hinaus, das ist sein ganzes Geheimnis."

Fricke [1]) sagt ausdrücklich, daß der Anspruch den Umfang angeben soll, „da dies im Interesse der Gesamtheit läge, das das höhere Gesetz bilde, dem sich das einzelne Interesse der Patentinhaber unterordnen müsse".

Das Motiv, das dieser Auffassung zugrunde liegt, ist die Rechtssicherheit. Aus Gründen der Rechtssicherheit sei es nötig, daß der Patentanspruch den Umfang angebe, damit das Patentamt wisse, was es zu prüfen habe, und damit die Industrie wisse, wie sie sich zu verhalten habe; denn nur wenn die Abgrenzung des Umfanges des Schutzes durch den Patentanspruch gegeben wäre, sei die Industrie in der Lage und sei auch der Patentinhaber in der Lage, die Tragweite des Patents zu beurteilen.

Es wird hier von beiden Seiten die Ansicht verfochten, daß ihre Auffassung die richtige sei, die mit dem Gesetz übereinstimme. Die andere Auffassung sei falsch, sie widerspreche dem Gesetz, und es wird das versucht zu beweisen, indem man zeigt, was eintreten würde, wenn die eigene und wenn die andere Auffassung die richtige wäre. Es wird also hier der Sinn einer Bestimmung festgestellt aus den Rechtsfolgen. Es ist meines Erachtens nicht richtig, zu glauben, daß nur die eine oder die andere Ansicht mit dem Wortlaut des Gesetzes in Einklang zu bringen ist. Wenn es auch richtig ist, den Sinn einer Bestimmung aus den Rechtsfolgen festzustellen, so kann ein eindeutiger Sinn doch nur dann sich ergeben, wenn die Rechtsfolge mit dem Zweck des Gesetzes übereinstimmt. Wenn aber das Gesetz mehrere Zwecke *neben* einanderstellt und nicht dem einen dieser Zwecke den Vorrang gibt, so kann eine *objektive* Gültigkeit auf diese Weise nicht erzielt werden, vielmehr handelt es sich dann immer um Bewertungen, die subjektiv sind.

---

[1]) Gewerblicher Rechtsschutz und Urheberrecht 1911 S. 231.

Unterschied zwischen juristischer und naturwissenschaftlicher Methode.

Hierin liegt ein Unterschied zwischen der juristischen und der naturwissenschaftlich - mathematischen Methode. Bei letzterer wird aus der Voraussetzung geschlossen auf die Folge, die Folge ergibt sich mit logischer Konsequenz aus der feststehenden Voraussetzung. Bei der juristischen Methode kann es dagegen vorkommen, daß erst die Folge festgestellt wird, und rückwärts aus der Folge wird der Sinn der Voraussetzung festgestellt. So wird bei der Frage nach dem Sinn der Bestimmung des § 20 des Patentgesetzes: „Am Schluß der Beschreibung ist dasjenige anzugeben, was als patentfähig unter Schutz gestellt werden soll (Patentanspruch)" man abhängig sein von den Erkenntnissen, die die Erfahrung geliefert hat, und so kommt es, daß die Praxis, die früher diese Bestimmung mehr dahin auslegte, daß der Patentanspruch den Umfang der Erfindung anzugeben habe, unter dem Eindruck der Erfahrung, daß damit der Schutz für wertvolle Erfindungen nicht genügend gewährleistet sei, jetzt die Norm dahin versteht, daß damit nur der Gegenstand des Patentes anzugeben sei. Aber schließlich wird man auch hierbei abhängig sein von Werturteilen, die subjektiv sind, auch wenn sie im objektiven Gewande auftreten. Der eine wird mehr die Interessen des Erfinders und der andere mehr die Rechtssicherheit der Industrie in den Vordergrund stellen. Man kann sich ja nicht beweisen die Richtigkeit der einen oder anderen Ansicht, man kann sich immer nur die praktischen Folgen, die die eine oder die andere Auffassung vom Sinn dieser Norm hat, vor Augen führen, und je nachdem man diese praktischen Folgen begrüßt oder bedauert, gibt man der Norm den einen oder den anderen Sinn. Wegen dieses subjektiven Einschlagens ist insoweit die juristische Methode nicht an Exaktheit mit der mathematisch-naturwissenschaftlichen Methode zu vergleichen.

Das Patentgesetz will den Schutz der Erfindung. Die Bestimmung des Patentanspruches kann nur die sein, daß Rechtssicherheit erzielt werden soll, das Patentgesetz will also auch die Rechtssicherheit. Darüber aber, wieweit der Schutz der Erfindung durch die Forderung der Rechtssicherheit eingeschränkt ist, darüber spricht das Gesetz sich nicht aus. Wer nun der Ansicht ist, wie die Anhänger der Auffassung, daß der Patentanspruch den Umfang der Erfindung abzugrenzen habe, daß Rechtssicherheit zuerst und vor allen Dingen nötig sei, der wird den Worten des § 20 des Patentgesetzes eine weitergehende Bedeutung beimessen als der, der im Patentanspruch nur die Kennzeichnung des Gegenstandes der Erfindung sieht. Der letztere verneint natürlich nicht die Rechtssicherheit, er will sie auch, aber er will sie in beschränkterem Maße.

Ob der eine oder der andere objektiv recht hat in seiner Auffassung, darüber läßt sich streiten. Jede von beiden Richtungen kann der anderen nicht b e w e i s e n , daß ihre Auffassung die richtige ist, sie kann der anderen immer nur die praktischen Konsequenzen der gegnerischen Auffassung klarmachen.

Auch die Auffassung Gülland und Quecks,[1]) daß die Vorschriften des Erteilungsverfahrens, wonach die Entstehung eines Schutzrechts von der Mitwirkung der Allgemeinheit (Aufgebot) und der Entscheidung einer Behörde (Vorprüfung) abhänge, mit Notwendigkeit bedingen, daß der Anspruch den Umfang angebe und daß die richtigere Aufgabe nur die Auslegung des Anspruchs sei, für eine Recht schaffende Tätigkeit des Richters bleibe kein Raum; Billigkeitserwägungen seien den formalen Vorschriften des Erteilungsverfahrens gegenüber ausgeschlossen, auch diese Ansicht ist meines Erachtens nicht zwingend.

Wenn Gülland und Queck der Ansicht sind, daß die formalen Vorschriften Billigkeitserwägungen ausschließen, so übersehen sie dabei, daß, wenn man allerdings den Vorschriften diese Bedeutung gibt, die sie ihnen beilegen, daß dann solche Billigkeitserwägungen ausgeschlossen sind. Ob man ihnen aber diese Bedeutung zu geben hat, das ist die Frage, und bei ihrer Entscheidung haben Gülland und Queck meines Erachtens sich schon von Billigkeitserwägungen leiten lassen, indem ihnen nämlich die Ruhe der Industrie wertvoller erscheint als ein starker Schutz des Erfinders.

---

[1]) Markenschutz und Wettbewerb, XIII. Jahrg., S. 343 ff.

Ob aber tatsächlich der starke Schutz des Erfinders oder die Ruhe der Industrie für das Allgemeininteresse das Wertvollere ist, das ist noch nicht ausgemacht; denn man kann sehr wohl auch den Standpunkt vertreten, daß ohne einen starken Schutz des Erfinders der Zweck des Patentgesetzes, die Förderung der Industrie, nicht erreicht wird, denn der Erfinder wird dann eben kein Interesse haben, Patente anzumelden.

Man kann auch, wenn man als obersten Zweck des Patentgesetzes die Förderung der Industrie annimmt, aus diesem obersten Zweck nicht eindeutig feststellen, welche Aufgabe der Patentanspruch hat. Man wird von der Erfahrung abhängen und wird geneigt sein, je nach der Erfahrung dem Patentanspruch die eine oder die andere Aufgabe zuzuerteilen, und schließlich wird die Entscheidung, ob für die Förderung der Industrie ein stärkerer Schutz des Erfinders oder eine starke Rechtssicherheit bedeutungsvoller ist, von der subjektiven Einstellung abhängen.

Dabei ist zu beachten, daß ein grundsätzlicher Gegensatz zwischen „Gegenstand" und „Umfang" nicht besteht, denn auch der Gegenstand wird mit Worten angegeben, die ihrerseits Inhalt und Umfang haben und danach ein größeres oder geringeres Feld bedecken. Erst bei der Auslegung zeigt sich der Unterschied. Während beim „Umfang" eine Nachahmung nur dann gegeben ist, wenn alle Merkmale in der Nachahmung vorhanden sind, die der Patentanspruch angibt, ist beim „Gegenstand" die Möglichkeit, daß Merkmale in der Nachahmung fehlen, und dann hat man den Teilschutz oder den Schutz der Aufgabe, oder daß Merkmale ersetzt sind durch Oberbegriffe, und dann hat man den Schutz der Äquivalente. Beim Gegenstand liegt die Bedeutung des Anspruchs darin, daß er die für den Schutz unwesentlichen Merkmale von den wesentlichen abscheidet. Er ist ein disclaimer. Seine Bedeutung liegt nach innen, beim Umfang liegt außerdem noch eine stärkere Bedeutung nach außen, daß er den Schutz abgrenzt. Die Gerichte haben auch nie den einen oder den anderen Standpunkt schroff vertreten. Sie haben sich zwar früher enger an die Hartigsche Auffassung gehalten, was insbesondere dadurch zum Vorschein kam, daß der Stand der Technik bei der Auslegung des Patentes weniger Berücksichtigung fand. Aber sie haben doch immer die Äquivalente geschützt und sie haben schon sehr früh den Teilschutz zugelassen. In weiterer Entwicklung hat dann das Reichsgericht sich mehr zu der anderen Auffassung bekannt, insbesondere ist das zum erstenmal klar geschehen in der Entscheidung vom 9. Februar 1910.[1]) Hier heißt es:

> „Der Patentanspruch hat in erster Linie den Zweck, den Gegenstand der Erfindung für den Techniker möglichst genau zu bezeichnen, nicht aber den daraus sich ergebenden Patentschutz nach allen Seiten genau abzugrenzen. In dieser Beziehung muß vielmehr manches der späteren Auslegung vorbehalten bleiben. Besonders ist es regelmäßig untunlich, bei Erfindungen, die durch eine größere Zahl von Merkmalen zu charakterisieren sind, schon im Stadium der Patenterteilung festzustellen, welche Merkmale für den Patentschutz unbedingt erforderlich sind und welche ausscheiden können, oder welche einzelnen oder welche Gruppen von Merkmalen für sich den Patentschutz genießen. Für die Erteilung des Patents genügt es, daß die Erfindung in der Verbindung sämtlicher Merkmale neu und patentwürdig erscheint, und die weitere Untersuchung über die Grenzen des Schutzes würde in der Regel nur zu einer nachteiligen Verzögerung der Patenterteilung führen."

Das Reichsgericht macht aber auch jetzt keinen scharfen Unterschied zwischen Gegenstand und Umfang. Es betont,[2]) „daß es Sache des Patentamtes ist, den Gegenstand der Erfindung zu bestimmen und den Schutzumfang, soweit tunlich, in der Patentschrift abzugrenzen", d. h. also, daß das Patentamt schon bei der Prüfung nach Möglichkeit den Umfang der Erfindung festzulegen hat.

Es betont weiter, daß der Patentanspruch nicht seiner Bedeutung der Angabe des Geschützten entkleidet werden dürfe, und daß nur, wenn der Patentanspruch und die Patentschrift Zweifel böte über das, was geschützt sei, daß nur

---

[1]) Blatt für Patent-, Muster- und Zeichenwesen, XVI. Jahrg., S. 157.
[2]) Bl. f. P.-, M.- u. Zw., XIV. Jahrg., S. 298.

dann die Erfindung geschützt würde nach ihrer Bedeutung unter Berücksichtigung des Standes der Technik.[1] Es ist zweifelhaft, was unter den Worten „im Zweifel" gemeint ist.[2] Schon die Tatsache des Rechtsstreites zeigt, daß die Parteien anderer Meinung sind über das Geschützte. Neuerdings scheint es, als ob die Gerichte wieder stärker den Zweck des Patentanspruchs abzugrenzen betonen mit der Begründung, daß der Anspruch klar sei und zu Zweifeln keinen Anläß böte.

---

[1] Bl. f. P.-, M.- u. Zw. 1917 S. 274 und 1914 S. 133, 298.

[2] Isay, Gewerblicher Rechtsschutz und Urheberrecht, XVI. Jahrg., S. 20; Meinhardt, Gewerblicher Rechtsschutz und Urheberrecht, XVII. Jahrg., S. 246; Osterrieth, Gewerblicher Rechtsschutz und Urheberrecht, XVIII. Jahrg., S. 194.

Der Aufbau des Patentanspruchs.

Der Patentanspruch soll nach dem Patentgesetz angeben, was als patentfähig unter Schutz gestellt werden soll. Wie die früheren Erörterungen gezeigt haben, kann man den Patentanspruch eine Definition nennen, jedenfalls hat er also die Merkmale anzugeben, die für die Rechtverwirklichung wesentlich sind.

Vier verschiedene „Wesentlich" im Patentrecht.

Im Patentrecht sind vier verschiedene Arten von Wesentlichem festzustellen.

1. Wesentlich für die Wirkung. Hier ist alles wesentlich, was kausal nötig ist, um die Wirkung zu erzielen.

2. Ein zweites Wesentlich ist das Wesentlich für die Beschreibung. Die Beschreibung muß nach dem Patentgesetz so aufgestellt sein, daß der Fachmann danach arbeiten kann. Es ist also abzustellen auf das Wissen des Fachmannes, d. h. es brauchen nicht alle Ursachen angegeben werden, die für die Wirkung nötig sind. Die Ursachen, die der Fachmann aus seinem Wissen ohne weiteres ergänzt, brauchen nicht in die Beschreibung.

3. Ein drittes Wesentlich ist das Wesentlich für die Erfindungsqualität, d. h. die Kausalreihe muß neu sein und es muß in ihr ein Punkt sein, der ein Werturteil trägt, das die neue Kausalreihe oder teleologisch die Verbindung von Zweck und Mittel zur Höhe einer Erfindung hebt.

4. Das vierte Wesentlich ist das Wesentlich für den Patentanspruch. Was hier wesentlich ist, kann erst festgestellt werden, nachdem die drei anderen Wesentlich, die eben erwähnt sind, festgestellt sind.

Bei allem Wesentlichen ist also ein Gesichtspunkt nötig, nach dem hin man sich orientiert, was wesentlich ist oder nicht. Die früheren Ausführungen zeigen, daß der Gesichtspunkt für das, was wesentlich für den Patentanspruch ist, der Eintritt der Rechtswirkung ist. Patentiert werden also stets Mittel zu Zwecken.

Idee und Zweck. Der Patentanspruch darf sich dabei nicht beschränken, eine bloße Idee, einen bloßen Zweck anzugeben. Eine bloße Idee als solche ist nicht patentfähig.[1]) Die Idee, in die Luft zu fliegen, die Idee, die menschliche Stimme zu übertragen, sind als solche nie Gegenstand eines Patentes. Die Idee muß vielmehr auf den Boden der Praxis geführt werden. Es müssen die Mittel angegeben werden zu ihrer Ausführung.

„Gewiß gehört zu jeder Erfindung ein Zweck. Eine Erfindung ohne jeden Zweck ist undenkbar. Aber nicht die Erfindung als psychisches Ereignis, als Gedankenschöpfung (inventio) ist es, die den Inhalt von Patentansprüchen zu bilden hat, sondern lediglich das Erfundene (inventum), das den Gegenstand nutzbarer Tätigkeit bildet und so eine Bereicherung der gewerblichen Technik ausmacht. Die Erfindung als solche, als Immaterialgut, zu offenbaren, ist Aufgabe der Beschreibung und Zeichnung (vergl. die eingangs angeführte Entscheidung der Beschwerdeabteilung Seite 294 unter II Absatz 3 Sätze 1 und 2). Nur als Realität von sinnfälliger Wirkung — worunter auch das Verfahren fällt — kann die Erfindung Objekt des Rechtsverkehrs sein, und nur in der Bindung an einen Akt der Hantierung mit dem Stoff kann sie — zum Unterschiede von wissenschaftlichen Leistungen — als technische Errungenschaft überhaupt gedacht werden. Daher kann der Patentanspruch auch nur eine Synthese von solchen Merkmalen sein, die die Erfindung als neuen Gegenstand, als neues Verfahren oder als neue Einrichtung, kurz als neuen technologischen Begriff konstituieren. Zu diesen Merkmalen gehört der Zweck regelmäßig nicht."[2]) Der Patentanspruch muß also Merkmale angeben, die eine gegenständliche Vorstellung vermitteln.

---

[1]) Vgl. Dunkhase, Beiträge zum Patentrecht, III 20 IV.
[2]) Bl. f. P.-, M.- u. Zw., XXI. Jahrg., S. 247.

Allerdings muß der Erfindung eine Idee zugrunde liegen, oder mit anderen Worten: sie muß einen Zweck haben, und eine Zweckangabe findet sich auch stets im Anspruch (siehe Seite 39). Der Zweck ist stets die Befriedigung eines vernünftigen menschlichen Bedürfnisses. Unter Zweck versteht man das Ziel des Wollens, einer bewußt gewollten Handlung. Es ist also ein Grundbegriff, der seine Quelle im Ich, im Wollen hat. Die bewußt gewollte Handlung muß immer gehen auf die Befriedigung eines vernünftigen menschlichen Bedürfnisses; dabei kann allerdings Streit herrschen über das, was vernünftig ist.[1])

Aufgabe und Zweck. Vom Zweck zu unterscheiden ist die Aufgabe. Die Aufgabe ist nichts als die Frage nach den Mitteln, die nötig sind, um den Zweck zu erreichen, d. h. um das betreffende menschliche Bedürfnis zu befriedigen. Sie liegt auf technischem Gebiet. Bei der Bestimmung der Aufgabe wird man aber doch eine Begrenzung treffen müssen; wenn z. B. das Bedürfnis der Menschen bestand, sich in die Luft zu erheben, so hätten sowohl die Flugmaschine wie der Ballon beide diesen Zweck erfüllt. Sie hätten beide dieselbe Aufgabe gelöst, und doch sind die Mittel ganz verschiedene. Man wird also bei der Bestimmung der Aufgabe, die diese beiden Lösungen abgeben, nicht eine identische Aufgabe annehmen können, sondern man wird die Aufgabe vielleicht so formulieren, daß man sagt, der Luftballon hätte die Aufgabe gelöst, durch einen an sich leichteren Körper als die Luft ein Aufsteigen zu bewirken, und die Flugmaschine hätte die Aufgabe gelöst, einen schwereren Körper als die Luft durch Bewegung in die Luft zu erheben. So schränkt auch das Patentamt in einer Entscheidung der Beschwerdeabteilung[2]) die Aufgabe gegenüber dem Zweck ein.

Die Aufgabe ist also die Frage nach den Mitteln zur Erreichung eines Zweckes. Das ist eine rein objektiv mögliche Feststellung. Wenn man das Bedürfnis anerkennt, kann man mit objektiver Gültigkeit feststellen, ob die Mittel geeignet sind zur Befriedigung dieser Bedürfnisses.

---

[1]) Isay, Kommentar, 3. Aufl., S. 37.
[2]) Entscheidung des Patentamtes, Bl. f. P.-, M.- u. Zw. 1915 S. 246.

Kausale und teleologische Betrachtung. Das ist also eine teleologische Betrachtung. Die naturwissenschaftliche Betrachtung ist dagegen eine kausale Betrachtung. Bei ihr wechselt das Mittel sich um in die Ursache und der Zweck sich um in die Wirkung. Teleologische Betrachtung und kausale Betrachtung sind also nichts wie zwei verschiedene Gesichtspunkte, von denen aus eine Sache betrachtet werden kann. Diese naturwissenschaftliche Betrachtung gehört auch zur Erfindung; in der Beschreibung muß die Erfindung so angegeben sein, daß der Fachmann danach arbeiten kann, und dabei ist die kausale Betrachtung u. U. notwendig; auch sie ist objektive Feststellung ohne subjektive Wertberücksichtigung.

Erfindung und Entdeckung. Der Unterschied zwischen der kausalen Betrachtung und der teleologischen Betrachtung ist der Unterschied zwischen Entdeckung und Erfindung. Das Hereinbringen des Zweckmomentes macht eine Entdeckung zur Erfindung, es ist die b e a b s i c h t i g t e Benutzung von Naturkräften zur Befriedigung menschlicher Bedürfnisse.

Neuheitsurteil. Nun ist aber nicht jedes Mittel, das einen Zweck erreicht, eine Erfindung, sondern es gehört dazu eine Neuheit. Dieses Neuheitsurteil ist ein Urteil über eine Beziehung. Es gründet sich auf ein Gegenüberstellen, auf einen Vergleich. Die Neuheit will nicht besagen, daß nun alles in jeder Beziehung in der Erfindung neu sein muß, sondern es muß irgendein neues Moment darin sein. Dies neue Moment kann liegen im Zweck und auch im Mittel und in beiden. Es kann darin liegen, daß alte Mittel zu einem neuen Zweck verwendet werden, und es kann darin liegen, daß neue Mittel zu einem alten Zweck verwendet werden, und es kann auch in einer Vereinigung beider liegen, neue Mittel zu einem neuen Zweck.

Werturteil. Weiter gehört aber zur Erfindung nicht nur Neuheit, sondern es muß eine qualifizierte Neuheit sein. Nicht alles, was neu ist, ist eine Erfindung. Es kommt also noch eine Wertbetrachtung dazu.

Fortschritt. Diese Wertbetrachtung ist eine gesonderte Betrachtung. Das Patentamt hat in der Frage dieser Wertbetrachtung auf der Suche nach einem möglichst objektiv gültigen Maßstab den wesentlichen Fortschritt der Technik als gültig angenommen.[1]) Man wird gegen die Objektivität des Kriteriums des wesentlichen Fortschritts Zweifel hegen dürfen. Fortschritt ist ein Relationsbegriff, man muß fragen: Fortschritt wozu? Er verlangt eine Ergänzung, eine Zielangabe. Wohin soll also der Fortschritt der Technik gehen? Da fehlt es aber an einem allgemein anerkannten festen Ziel, infolgedessen hängt der Begriff des Fortschrittes in der Luft;[2]) er ist rein formal, er ist nichts als eine Art der Betrachtung, die man heranträgt an die Dinge und innerhalb der man nun nach einem Maßstab suchen kann, er ist selbst kein Maßstab. Es soll außerdem nicht jeder Fortschritt genügen, sondern ein wesentlicher Fortschritt soll Bedingung sein, und so wird es sich eben fragen, wann der Fortschritt denn wesentlich ist, und diese weitere Frage ist ebenfalls durchaus subjektiven Erwägungen ausgesetzt.

Schöpferische Tätigkeit. Der vom Patentamt abgelehnte Maßstab der Erfindungseigenschaft ist der, der auf die Genesis der Erfindung sieht, und zwar auf die schöpferische Tätigkeit des Menschen. Er urteilt danach, ob bei der Schöpfung der Erfindung Schwierigkeiten zu überwinden waren. Er stellt ab auf das Wissen des Fachmannes, und man findet dann Ausdrücke wie: Es liegt keine Erfindung vor, ... denn es lag nahe für den Fachmann, ... es ist eine bloße Konstruktion und keine Erfindung, ... es ist nicht überraschend und dergl. Es werden also individual-psychologische Untersuchungen angestellt. Die eben erwähnte Entscheidung lehnt diesen Maßstab ab mit der Begründung, daß er nicht objektiv sei. Jetzt verlangt das Reichsgericht sowohl Fortschritt als auch schöpferische Tätigkeit (vgl. Hüfner, Mitteilungen des Verbandes usw., XXIII. Jahrg., S. 73).

[1]) Vgl. Beschwerdeabteilung, Bl. f. P.-, M.- u. Zw., XIX. Jahrg., S. 297.
[2]) Gewerblicher Rechtsschutz und Urheberrecht, XXIV. Jahrg., S. 193 ff.

Der Patentanspruch muß also angeben eine g e g e n s t ä n d l i c h e Vorstellung, die neu und wertvoll ist. Der Patentanspruch muß die Mittel und soll die Neuheit erkennen lassen.

Die Frage, ob der Patentanspruch auch den Zweck erkennen lassen muß, dürfte, wie erwähnt, im allgemeinen zu verneinen sein. Die gleiche Meinung hat das Patentamt in der oben angeführten Entscheidung, betreffend den Zweck (Bl. f. P.-, M.- u. Zw., XXI. Jahrg., S. 247). Ebenso sagen die Erläuterungen des Patentamts vom 21. November 1919: „Es sollen nur so viele Bestimmungsmerkmale in den Anspruch aufgenommen werden, als zur Kennzeichnung des Wesens des Erfindungsgegenstandes nötig sind. Nur wenn hierzu der Zweck gehört, ist auch er im Anspruch zu erwähnen." Die Angabe des Zweckes wird regelmäßig dann erforderlich sein, wenn das Erfinderische eben in der Verwendung alter Mittel zu einem neuen Zweck liegt, in den sogenannten Aufgabenerfindungen (z. B. Holzmehl als Bäckereistreupulver). Sonst wird die Angabe des Zweckes nicht erforderlich sein, weil der Zweck eben notwendig erreicht wird durch die Mittel. Er ist die Wirkung der Ursache der Mittel.

Aber in versteckter Form findet sich die Zweckangabe doch; wenn z. B. ein Patentanspruch heißt: „Elektrode, bestehend aus Eisen und Mangan", so ist der Ausdruck Elektrode nichts weiter als eine Angabe des Zweckes. Diese Legierung von Eisen und Mangan soll verwendet werden zu dem Zweck, als Elektrode zu dienen, aber die Erläuterungen des Patentamts meinen wohl nicht diesen Zweck, sondern den Zweck des Neuen an dem Alten.

Erkenntnis und Abstraktion. Um die Mittel für den Zweck angeben zu können, muß man wissen, welchen Zweck man erreicht hat, und danach kann man aus dem konkreten Tatbestand die Merkmale feststellen, die nun zur Erreichung dieses Zweckes notwendig sind, und sie sondern von den übrigen Merkmalen. Erst wenn man diese Erkenntnis hat, kann man feststellen, welche Merkmale nun für die

Rechtsfolge wesentlich sind, und danach den Patentanspruch aufstellen.

Nun kann in jedem Erfindungskomplex eine Reihe von Zwecken erfüllt werden, die alle für sich u. U. Erfindungen darstellen.[1]) Je nach den wechselnden Zwecken sind die Merkmale andere, s. u. a. im Beispiel der Pfeffermühle,[2]) andere für die Betriebsarbeit der Pfeffermühle und andere für die Herstellung.

Nun ist die Erkenntnis des Zweckes ein Urteil, das abhängig ist von der Erfahrung. Man wird nicht immer gleich bei der Einreichung der Anmeldung alle Zwecke sehen können, die durch den einen Erfindungskomplex gelöst werden, und es kann sein, daß die Zwecke erst im Laufe des Patentschutzes auftauchen. Und es kann so sein, daß die Beurteilung der Erfindung eine ganz andere wird, als sie zur Zeit der Anmeldung war, und nach einer ganz anderen Richtung geht.

Möglichst wenig Merkmale. Wie früher dargelegt, hat das Patentamt die Auffassung, daß es soweit als tunlich den Umfang des Patentes feststellt. Man wird deshalb möglichst wenig Merkmale in den Patentanspruch hineinlegen und man wird möglichst umfangreiche Begriffe nehmen, denn es gilt der logische Grundsatz: Je kleiner der Inhalt, um so größer der Umfang, d. h. je weniger Merkmale und je umfangreicher sie sind, um so mehr wird von dem Patentanspruch umschlossen. Man wird also nur die Merkmale angeben, die für den Zweck erforderlich sind. Die Merkmale, die nicht unbedingt nötig sind für den Zweck, sondern nur zu seiner Unterstützung, zur Erleichterung der Erreichung des Ziels dienen, von diesen Merkmalen wird man abstrahieren und wird sie evtl. zum Gegenstand von Unteransprüchen machen, was auch von Bedeutung für den Nachweis der Fahrlässigkeit oder Wissentlichkeit bei Patentverletzungen ist. Bei der Abstraktion der für den Erfolg nötigen Mittel kann man auch noch die Mittel weglassen, deren Zusetzung für den Fachmann ohne weiteres gegeben ist, denn der

---

[1]) Wirth-Isay, Der Patentanspruch, „Die begriffliche Auffassung der Maschine", S. 77 ff.

[2]) Wirth-Isay, Der Patentanspruch, S. 77.

Patentanspruch ist für den Fachmann geschrieben und jeder Patentanspruch wird ergänzt von dem Wissen des Fachmannes. So hat jeder Patentanspruch immer noch eine gewisse Aufgabe, aber eine Aufgabe, deren Lösung für den Fachmann gegeben ist; so wenn ein Patentanspruch die Angabe enthält, daß bei einer bestimmten Temperatur gearbeitet wird, so ist auch nicht gesagt und braucht im allgemeinen nicht gesagt werden, wie nun diese Temperatur erhalten und gemessen wird.

Aufgabe als Anspruch. So enthält jeder Patentanspruch immer noch eine gewisse Aufgabe, und es kann so weit abstrahiert werden von den konkreten Mitteln, daß der Patentanspruch nur noch eine Aufgabe enthält, die aber auch stets eine Angabe der Mittel in allgemeiner Form enthält. Das ist dann möglich, wenn eben die konkreten Mittel der Lösung für den Fachmann, der die Aufgabe liest, alle ohne weiteres gegeben sind und das Erfinderische in der Stellung der Aufgabe liegt. Ist das nicht der Fall, so müssen die Mittel angegeben werden.

In einem Falle handelt es sich um das Patent 101 995 mit folgenden Patentansprüchen:

1. Selbsttätig wirkende Vorrichtung zur Entfernung der Zündpille aus dem Flammenbereiche, dadurch gekennzeichnet, daß die lebendige Kraft der von der Flamme aufsteigenden heißen Gase zur Inbetriebsetzung einer die Zündpille bewegenden Vorrichtung benutzt wird.
2. Eine Ausführungsform der durch Anspruch 1 geschützten Vorrichtung, dadurch gekennzeichnet, daß mittels des von der Flamme erzeugten Luftstromes ein über dem Zylinder auf schrägstehender Achse montiertes, die Zündpille tragendes Flügelrad in Bewegung gesetzt wird.

In der Nichtigkeitsklage hat das Reichsgericht dieses Patent beschränkt auf den Anspruch 2.[1]) Das Reichsgericht hat dabei in der Angabe des Anspruchs 1 nichts gesehen als eine Aufgabe, deren Lösung für den Fachmann nicht

[1]) Bl. f. P.-, M.- u. Zw., X. Jahrg., S. 330; vgl. auch 1896 S. 98.

ohne weiteres gegeben war. Man hat den Anspruch beschränkt auf das konkrete Mittel der Lösung. Ebenso hat das Patentamt allgemeine Aufgaben, zum Verkochen von Rübensäften Überdruck anzuwenden, oder die Luft bei Beleuchtungs- und Heizvorrichtungen vorzuwärmen, oder Azetylen zur Beleuchtung zu verwenden, als nicht schutzfähig hingestellt.

Möglichst umfangreiche Merkmale. Man wird weiter sehen, wieweit die Mittel, die man nun auf diese Weise festgestellt hat, durch andere ersetzt werden können, um so zu möglichst umfassenden Ausdrücken zu kommen. Man wird die Gattungsbegriffe der konkreten Mittel wählen. Wenn in einer Erfindung Schwefelsäure verwendet wird, so wird man sehen, ob man nicht Säure überhaupt verwenden kann, und man wird dann in den Patentanspruch statt Schwefelsäure Säure schreiben. Die Suche nach möglichst weiten Begriffen führt leicht dazu, daß der Patentanspruch eine phantasievolle Darstellung wird.

Grenzen der Abstraktion. Es gibt auch dabei Grenzen. Das Patent 89 871 hatte den folgenden Patentanspruch:

> „Sicherheitssprengstoff aus Ammoniaksalpeter und einem Kohlenstoffträger, gekennzeichnet durch den Zusatz von Chromaten und Bichromaten."

Es wurde festgestellt, daß der Patentinhaber nur das Alkalichromat und -bichromat, das Natriumchromat und -bichromat und das Ammoniumchromat und -bichromat geprüft hat. Das Reichsgericht hat den Anspruch in folgender Weise beschränkt: [1])

> „Sicherheitssprengstoff, bestehend aus Ammoniaksalpeter, einem Zusatz von einem Kohlenwasserstoff und einem Zusatz von Kaliumchromat und -bichromat, oder von Natriumchromat und -bichromat, oder von Ammoniumchromat und -bichromat, und zwar in einem Mischungsverhältnis, welches ganz oder doch ungefähr dem in der Patentbeschreibung angeführten Beispiel entspricht."

[1]) Bl. f. P.-, M.- u. Zw. 1900 S. 386 ff.

Es hat dabei in einer Begründung ausgeführt, daß durch die Einschränkung des Anspruchs nicht der Frage vorgegriffen sei, ob nicht die Herstellung eines Sprengstoffs auf der Basis von Ammoniaksalpeter unter Verwendung eines anderen Chromates und Bichromates als der jetzt im Patentanspruch genannten eine Verletzung des Patentes enthalten würde.

In einer anderen Entscheidung [1]) handelt es sich um das Patent 84 460, dessen erster Anspruch den Wortlaut hatte:

„Verfahren zur Darstellung von Diazofarbstoffen, welche α^1 β^4 Naphtylaminsulfosäure in Mittelstellung enthalten, gemäß dem durch das Patent Nr. 73 901 geschützten Verfahren, darin bestehend, daß

a) unsulfierte Diazokörper oder Diazosulfosäuren mit jener Säure verbunden, die entstehenden Amidoazomono- bezw. -polysulfosäuren weiter diazotiert und mit Phenolen verbunden werden,

b) Diazokarbonsäuren mit jener Säure verbunden, die entstehenden Amidoazokarbonsäuren weiter diazotiert und mit Phenolen oder Aminen verbunden werden."

Und weiter handelt es sich um das Patent 83 572, dessen erster Anspruch folgenden Wortlaut hatte:

„Verfahren zur Darstellung von sekundären Diazofarbstoffen, welche α^1 und β^3 Naphtylaminsulfosäure in Mittelstellung enthalten, darin bestehend, daß Diazokörper mit jener Säure verbunden, die entstehenden Amidoazosulfosäuren weiter diazotiert und mit Phenolen oder Aminen verbunden werden."

Die Ansprüche 2 schützen in beiden Patenten je 35 besondere Ausführungsformen. Das Reichsgericht beschränkte in der Nichtigkeitsklage beide Patente auf den Anspruch 2, da der Anspruch 1 so allgemein sei, daß er nur einen abstrakten Gedanken und nicht ein durch Proben erhärtetes oder im Wege der Induktion gefundenes Gesetz darstellt. In einer anderen Entscheidung des Reichsgerichts, der Congorot-

[1]) Bl. f. P.-, M.- u. Zw., VI. Jahrg., S. 366 ff.

Entscheidung, Patentblatt 89 Seite 209, handelt es sich um ein Verfahren, das eine Darstellung von Azofarbstoffen durch Kombination von Tetrazodiphenylsalzen mit α- und β-Naphtylamin oder deren Mono- und Disulfosäuren zum Gegenstande hatte. Das Reichsgericht hat hier im Gegensatz zur obigen Entscheidung die ganz allgemein gefaßten Ansprüche, die also nicht auf bestimmte Stoffe eingeschränkt waren, aufrechterhalten, offenbar deshalb, weil es sich hier um Farbstoffe handelte, die ohne Beize färben. Das Resultat, das so erreicht wurde, war so charakteristisch, daß man aus dem gefundenen Resultat die Abgrenzung feststellen konnte.

Man wird also bei der Suche nach den Oberbegriffen der gewählten konkreten Mittel nur so weit zu gehen haben, daß die wissenschaftliche Erfahrung mit Wahrscheinlichkeit voraussetzen läßt, daß alle Stoffe, die unter die gewählten Oberbegriffe fallen, auch das angegebene Resultat erreichen.

Zusammenfassung. Zusammengefaßt: Man stellt also zuerst fest, welche Aufgaben durch die Erfindung gelöst werden. Danach stellt man fest, welche Mittel notwendig sind zur Erreichung dieser Aufgabe, und läßt die Mittel weg, die nur zur Erreichung beitragen, ohne notwendig zu sein. Dann abstrahiert man unter den notwendigen Mitteln von denen, die bei Kenntnis der Aufgabe für den Fachmann ohne weiteres gegeben sind. Und man kann unter Umständen so zu einem Patentanspruch kommen, der nichts als eine Aufgabe darstellt, und auch diese wird man möglichst weit fassen. Die konkreten Mittel, die man unter diesen Umständen noch anzugeben gezwungen ist, betrachtet man daraufhin, wieweit sie durch andere ersetzt werden können, und wählt dann die entsprechenden Gattungsbegriffe, die man in den Patentanspruch dann einfügt. Diese Betrachtung bildet eine kausale Erkenntnis der Wirkung der Erfindung. Man muß so versuchen, von den äußeren Formen loszukommen und sich klarzuwerden über das Kräftespiel, das nach Ursache und Wirkung den Erfolg erreicht. Man kann so unter Umständen dahin kommen, daß man an Stelle der konkreten

Träger versucht, die wirkenden Kräfte anzugeben, so daß eine Maschinenerfindung aufgelöst wird in die Angabe der Kraftwirkungen. Man bleibt dann nicht bei der äußeren Beschreibung stehen, man bleibt auch nicht stehen bei dem Spiel der einzelnen Teile, sondern man geht noch weiter, man sucht zu erkennen, welche Kräfte in den einzelnen Teilen wirksam sind und wie sie ineinandergreifen. Dieses Durchdenken der Erfindung gibt die tiefste Erkenntnis der Erfindung. Dieses Durchdenken ist sehr nützlich für den Erfinder, weil es ihn dazu führt, seine Erfindung kennenzulernen, und weil er danach Patentansprüche aufstellen kann, die von allem Nebensächlichen, für die Wirkung Nebensächlichen, abstrahieren und die den weitesten Umfang haben.

Gattungsbegriff. Die Erläuterungen des Patentamtes, die oben erwähnt sind, sagen: „Der Anspruch geht in seinen einleitenden Worten zweckmäßig von der dem Erfundenen nächst übergeordneten, bekannten oder geschützten Gattung technischer Gebilde aus. Dieser „Oberbegriff" des Anspruchs soll auch für die zur Veröffentlichung bestimmte Benennung — wörtlich oder abkürzungsweise — Verwendung finden."

Lotze schreibt über den Gattungsbegriff folgendes: [1] „Ohne die Anwendung vieler Allgemeinbegriffe würde indessen auch sie nicht zum Ziele kommen; anstatt diese nun willkürlich zu wählen, verlangt die Definition, daß man von demjenigen Allgemeinen ausgehe, in welchem der größte Teil der zu leistenden Konstruktionsarbeit schon fertig und vollzogen vorliegt und welches, durch einen eindeutigen Namen sprachlich bezeichnet, in jedem Bewußtsein als eine bekannte Anschauung vorausgesetzt werden kann, geeignet, als Grundriß für die Einzeichnung der Einzelmerkmale zu dienen, durch welche das mitzuteilende Bild vollendet wird."

Hier hat der Gattungsbegriff also keine weitere Bedeutung als die der sprachlichen Erleichterung.

---

[1]) Lotze, Logik, 2. Aufl., 1874, S. 198 f.

Der Gattungsbegriff hat häufig noch eine andere Bedeutung, nämlich daß er zur differentia spezifica im Verhältnis von Gattung und Art steht, daß er also das Allgemeinere bedeutet gegenüber dem Speziellen, das auch zu dem Allgemeinen gehört als eine Unterabteilung. Danach ist der Gattungsbegriff seinerseits wieder Artbegriff eines über ihm stehenden Allgemeineren, eines über ihm stehenden Gattungsbegriffes. Dieser seinerseits verlangt wieder über sich einen Gattungsbegriff, und so kommt man schließlich an der Spitze der Pyramide zu einem obersten Gattungsbegriff. Solche letzten Gattungsbegriffe sind in der Naturwissenschaft und Technik Kraft und Stoff.

Hier hat der Gattungsbegriff nicht die bloße Bedeutung der sprachlichen Erleichterung, wie oben, sondern hier hat der Gattungsbegriff einen systematischen Charakter. Er setzt ein System voraus, einen einheitlichen Gesichtspunkt, nach dem Art- und Gattungsbegriff aufgebaut werden.

Ebenso hat in der Praxis des Patentamtes und nach obenerwähnten Erläuterungen des Patentamts der Gattungsbegriff noch eine weitere Bedeutung bekommen, nämlich die, die alte Technik anzugeben. Der Patentanspruch zerfällt danach in zwei Bestandteile, in die alte Technik, die im Gattungsbegriff angegeben ist, und in die neuen Merkmale, die in der differentia specifica nach den Worten „dadurch gekennzeichnet, daß" die Erfindung angibt. Eine derartige Zweiteilung des Patentanspruchs wird sich immer nur dann vornehmen lassen, wenn der Gattungsbegriff nicht nur eine sprachliche Zusammenfassung darstellt, sondern wenn er die obenerwähnte systematische Bedeutung hat, daß die differentia spezifica ihm als Artbegriff, d. h. ein System, in dem der Artbegriff etwas weniger Allgemeines ist im Verhältnis zu dem Allgemeineren, das im Gattungsbegriff verkörpert ist, gegenübertritt. Dann ist die Erfindung immer eine speziellere Ausführungsform eines bekanteren Allgemeinen und systematisch eingeordnet. Das geht aber nicht immer, auch nicht, daß man alles Bekannte in einen Begriff zusammenfaßt. Es zeigt sich häufig, daß anderes Bekannte sich in diesem Oberbegriff nicht unterbringen läßt. Denn dieser Oberbegriff ist nach der Pyramidenstaffelung, wenn er das Bekannte angeben soll, schon ausgewählt unter einem ordnenden Gesichtspunkt. Er soll nicht einfach eine Zusammenfassung sein einer Anzahl von Merkmalen, für die die Sprache schon einen Begriff gebildet hat, sondern er soll sein eine Zusammenfassung der bekannten Merkmale. Damit das möglich ist, muß für diese bekannten Merkmale ein einheitlicher Gesichtspunkt gegeben sein, unter dem sie zusammengefaßt werden können und der auch für die neuen Merkmale maßgebend ist. Das ist nun aber nicht immer der Fall. Aus diesem Grunde findet man häufig in den Patentansprüchen Ausdrücke wie „an sich bekannt" oder dergl., bei denen einzelne Mittel, die genannt sind, als bekannt vorausgesetzt werden, weil sich eben nicht in einen Oberbegriff alles Bekannte sammeln läßt.

Häufig stellt der Oberbegriff in der Praxis auch nicht das Alte dar, sondern er stellt oft nichts dar als das Problem, und es wäre falsch, zu glauben, daß nur die besonderen Mittel neu seien, sondern es kann sehr wohl sein, daß das im Oberbegriff genannte Problem an und für sich auch neu ist.

Die Trennung des Oberbegriffs von dem neuen Mittel wird im allgemeinen vorgenommen durch die Bezeichnung „dadurch gekennzeichnet, daß ...". An Stelle dieser Bezeichnung können auch andere stehen, wie „darin bestehend" oder dergl. Aber es kann auch diese Trennung wegfallen. Bei dem Beispiel der Elektrode aus Eisen und Mangan ist es nicht nötig, daß ich schreibe: „Elektrode, dadurch gekennzeichnet, daß sie aus Eisen und Mangan besteht", es genügt „Elektrode aus Eisen und Mangan". Oder wenn der Patentanspruch lautet: „Holzmehl als Bäckereistreupulver", so ist auch hier eine Trennung nicht erfolgt, denn eine solche Trennung ist in diesem Fall nicht nötig, weil man genau weiß, was bekannt ist. Wenn aber mehrere Elemente kombiniert sind, von denen ein Teil schon an sich bekannt ist, und es kommen nun noch neue Elemente hinzu, so ist hier doch eine Trennung bedeutungsvoll, denn ohne diese Trennung wüßte man nicht, welche Elemente in ihrer Kombination an und für sich bekannt sind. Man wüßte nicht, wo die Schnittlinien liegen zwischen dem Bekannten und dem Neuen.

An und für sich ist in der Forderung des § 20 des Patentgesetzes, dasjenige anzugeben, was als patentfähig unter Schutz gestellt werden soll, nichts enthalten, was eine Trennung alter und neuer Momente fordert. Was unter Schutz gestellt werden soll, ist stets ein Komplex von Altem und Neuem. Die Stoffe, die verwendet werden, sind immer alt, und häufig ist auch die Form, in die sie gebracht werden sollen, nichts Neues. Wenn beispielsweise eine Erfindung zum Gegenstand hat einen Halter aus Molybdän, so ist der Stoff Molybdän an sich bekannt und die Form des Halters ist auch an sich bekannt. Die Erfindung liegt in der beabsichtigten Formung eines Stoffs, was geschützt ist, ist der Gesamtkomplex, nämlich der Halter aus Molybdän. Hier hätte eine Trennung nach neuen Merkmalen, „dadurch gekennzeichnet" oder dergl., keinen Sinn, denn Molybdän ist an sich ebenso bekannt wie die Form des Halters.

Bei der Praxis des Patentamtes ist man ausgegangen davon, daß der Gattungsbegriff die alte Technik zeige. Jetzt ist man so weit gekommen, daß vor den Worten „dadurch gekennzeichnet" gar nicht mehr der Gattungsbegriff steht; wenn man beispielsweise eine Kombination erfunden hat aus der Vereinigung der an sich bekannten Elemente a, b und c, so kann man Patentansprüche finden wie: Element a, dadurch gekennzeichnet, daß es vereinigt ist mit den Elementen b und c. Hier ist das Element a gar nicht der Gattungsbegriff im systematischen Sinne, denn er ist nicht das Allgemeinere gegenüber den Artbegriffen, die aus der Vereinigung von a, b und c bestehen. Das Element a ist aber auch nicht der Gattungsbegriff in dem Sinne der Vereinfachung aus sprachlichen Rücksichten, denn die Zerreißung durch die Worte „dadurch gekennzeichnet" ist hierbei ganz unsinnig, man muß besser schreiben: Vereinigung der Elemente a, b und c und in der Beschreibung angeben, daß die Elemente an sich bekannt sind. Die Zerreißung hat hier nur stattgefunden, weil man an dem alten Schema festhielt und nun glaubte, daß der Patentanspruch vor den Worten „dadurch gekennzeichnet", die alte Technik angeben müsse. Man ist also ausgegangen vom Gattungsbegriff, hat dann diesem Gattungsbegriff weiter die Bedeutung der alten Technik verliehen und ist jetzt dahin gekommen, daß man die alte Technik angibt und den Gattungsbegriff überhaupt fallen läßt.

Verfahren, Einrichtung, Anordnung, Erzeugnis. Nun hat man vier Kategorien vorgeschlagen, auf die man als letzten Oberbegriff zurückgeht.[1]) Es ist das das Verfahren, die Einrichtung, die Anordnung und das Erzeugnis. Das Patentgesetz selbst kennt von diesen Kategorien nur zwei. Es spricht in § 1 Ziffer 2 und § 4, § 10 Ziffer 3, § 35 von einem Verfahren; im § 4 vom Erzeugnis; es spricht auch im § 1 Ziffer 2, § 35 von Stoffen. Stoff ist eine Unterabteilung der Kategorie Erzeugnis, Erzeugnis ist der weitere Begriff. Unter Stoff ist ein solches Erzeugnis zu verstehen, bei dem es auf die äußere Form des Produktes nicht ankommt.

Nach Isay[2]) ist ein Verfahren zu bestimmen durch Angabe des neuen Arbeitsvorganges in zeitlicher Folge.

Beispiel.

Verfahren zum Entschälen von Zerealien in der Weise, daß letztere mit magnetischen Spänen gemischt und durchgearbeitet werden, wonach die Späne aus dem Gemisch durch Magnetismus ausgezogen werden.

Eine Anordnung wird bestimmt durch die Angabe der in räumliche Beziehung gesetzten Gegenstände unter Hervorhebung der Beziehung, z. B. eine Schaltung.

Beispiel.

Schaltung zur Geschwindigkeitsregelung von Einphasenwechselstrommaschinen, bei welchen die kurzgeschlossene gleichachsige und die Erregerwicklung auf dem umlaufenden Teil angeordnet sind, dadurch gekennzeichnet, daß die in Reihe geschaltete (gleichachsige) Ständer- und Erregerwicklung mit ihren Enden an der Netzspannung liegt, während ihr Verbindungspunkt an verschiedenen Stufen eines parallel zum Netz geschalteten Transformators gelegt wird, um für zunehmende Geschwindigkeit die Spannung an der Ständerwicklung zu erhöhen und gleichzeitig an der Läuferwicklung zu erniedrigen.

Eine Einrichtung ist zu bestimmen durch Angabe ihrer wesentlichen räumlich bestimmten Teile und ihres Arbeitsprozesses.

---

[1]) Herse, Patentkategorien, Festgabe für Kohler S. 67 ff.
[2]) Kommentar, 3. Aufl., S. 75 und 432 ff.

Beispiel.

Walzwerk zum Auswalzen von Scheibenrändern für Eisenbahnfahrzeuge, bei welchen zwei Walzscheiben die verschiebbar gelagerte Scheibe unter Drehung derselben nach dem Umfange zu ausrecken, bis letzterer gegen eine dritte Walzscheibe stößt und von dieser und den beiden ersten Walzscheiben zum Laufkranz ausgewalzt wird.

Ein Erzeugnis ist räumlich zu bestimmen durch Angabe der Gattung und der bestimmenden anschaulichen Merkmale.

Beispiel.

Stuhl, welcher dadurch in eine Stehtreppe umgewandelt werden kann, daß er im Sitz geteilt und ein Teil um den anderen umklappbar ist.

Art der Bestimmung, ob Verfahren, Einrichtung usw.

Hierzu ist folgendes zu sagen. Die Erfindung ist, darin stimmen alle Definitionen überein, eine Regel technischen Handelns.

In dem Ausdruck „Handeln" liegt schon das Zeitliche, also das Verfahren. Jede Erfindung bedeutet eine Kräftekombination, die hervorgerufen und geleitet wird durch den Menschen. Die Kräfte sind gebunden an Träger, also an körperliche Erscheinungen, und die Ausführung der Erfindung geht nun so vor sich, daß der Mensch von gewissen an sich bekannten Stoffen oder Einrichtungen ausgeht und diese in eigenartiger Weise zusammenbringt, evtl. mit Hilfe von Werkzeugen, Maschinen oder dergl., und schließlich irgendeinen Effekt erreicht, der ein vernünftiges menschliches Bedürfnis befriedigt. Das gilt nicht nur für Verfahren, sondern auch bei Erfindungen von Maschinen, Anordnungen, Einrichtungen und dergl. Überall müssen diese Maschinen und Erzeugnisse doch erst hergestellt werden, und andererseits ist der fertige Stoff oder die Maschine oder die Einrichtung für sich selbst nichts; erst durch ihre Wirkungsweise ist sie von Bedeutung, und erst dadurch, durch ihre Wirkung, dient sie zur Befriedigung eines menschlichen Bedürfnisses. Der Stoff, die Einrichtung usw. sind gewissermaßen nichts als Zwischenpunkte zwischen dem Ausgang, d. h. dem Beginn der Herstellung und dem Ende, d. h. der Befriedigung des menschlichen Bedürfnisses.

Kausale Reihe. Das Ganze ist eine kausale Reihe, bei der jeder Punkt nötig ist für den Enderfolg. Der Stoff, die Einrichtung und dergl. sind gewissermaßen gefrorene Kräftekombinationen, die durch ihre Wirkung den Erfolg erzielen.

Diese ganze kausale Reihe muß etwas Neues enthalten, wenn sie eine Erfindung darstellen soll. Sie beginnt mit den an und für sich bekannten Rohstoffen oder Einrichtungen als Ausgangsprodukt der menschlichen Tätigkeit. Diese führen unter Umständen zu einem Stoff oder zu einer Einrichtung, einer Maschine oder dergl., und schließlich führt die Wirkung dieses Stoffs oder der Einrichtung zur Befriedigung des menschlichen Bedürfnisses. Nun kann es sein, daß die Bedeutung der menschlichen Tätigkeit zurücktritt, daß die Art der Tätigkeit selbstverständlich wird; wenn beispielsweise ein Farbstoff erfunden ist, so ist die Art der Anwendung für den Fachmann, wenn der Stoff einmal da ist, nichts Eigenartiges mehr. Wenn eine Maschine einmal geschaffen ist, eine neue Einrichtung hergestellt ist, so ist die Art ihrer Anwendung für den Fachmann gegeben. Es kann aber auch so sein, daß in der Art der Anwendung etwas Besonderes noch gegeben ist. Beispielsweise kann es sich zeigen, daß ein Stoff in einer besonders eigenartigen Weise angewendet werden muß oder daß ein Stoff zu einem Zwecke angewendet werden kann, für den er bisher noch nicht angewendet worden ist, z. B. als Gerbmittel. Dann liegt in der Art der Anwendung nichts für den Fachmann ohne weiteres Gegebenes.

Die Ausführungen zeigen, daß an und für sich jede Erfindung ein Verfahren darstellt, da jede Erfindung eine menschliche Tätigkeit voraussetzt. Die Kategorien der Anordnung, Einrichtung oder des Erzeugnisses sind Abstraktionen von einem Teil der gesamten Kausalreihe. Es wird beim Erzeugnis abstrahiert von dem Verfahren zu seiner Herstellung, und es wird abstrahiert von seiner Anwendung. Jeder dieser Begriffe, Verfahren, Maschine usw., setzt in sich einen bestimmten Gesichtspunkt voraus, nach dem diese Abstraktion vorgenommen ist. Man lese nur einmal, wie in einer Entscheidung des Oberlandesgerichtes Köln

(Zeitschrift für Industrierecht, Jahrg. I, S. 114) der Begriff Maschine behandelt wird, was da alles aus diesem Begriff herausgeholt wird. Alles das gehört aber von dem Ausgangspunkt an bis zur Befriedigung des menschlichen Bedürfnisses, diese gesamte Kausalreihe gehört zur Erfindung. Denn jeder Punkt dieser Kausalreihe ist neu und jeder Punkt ist nötig für den Enderfolg. Die Beispiele der Anordnung und der Einrichtung zeigen, daß man nicht auskommt mit Erzeugnis und Verfahren allein. Sie sind Mittelglieder dazwischen, und sie zeigen, daß hierbei die Abstraktion nicht so einseitig aufgestellt ist wie bei dem Erzeugnis.

In der Kausalreihe muß an irgendeiner Stelle ein Werturteil liegen, das die Kausalreihe zur Erfindung erhebt. Dieses Werturteil kann liegen in der Auswahl der Stoffe, von denen ausgegangen wird, es kann liegen in der Art, wie mit den Stoffen umgegangen wird, in der Anwendung des Zwischenpunktes (Stoffe, Erzeugnis, Maschine); es kann liegen in der Einrichtung, Erzeugnis selbst.

Ein Beispiel für den ersten Fall liegt überall in der Stoffwahl. Man hat erkannt, daß ein besonderer Stoff bessere Eigenschaften hat als ein anderer. Ein Beispiel für den zweiten Fall liegt darin, wenn man von der bisher bekannten Handlungsweise der Ausführung des Verfahrens abgeht, z. B. bei höherer Temperatur arbeitet, oder die Art der Kombination ändert. Ein Beispiel für den dritten Fall ist gegeben, wenn ein Stoff für einen neuen Zweck verwendet wird, beispielsweise in dem nachher zu beschreibenden Beispiel des Gerbmittels.

Das Patentamt macht nun einen scharfen Gegensatz zwischen Erzeugnis und Verfahren. Nicht so scharf ist der Unterschied zwischen Erzeugnis und den anderen Kategorien. Das Patentamt verlangt, daß als Kategorie die gewählt wird, die das Werturteil trägt. Ein Beispiel ist das Wolfram-Patent.

Es war [1]) ein Patentanspruch ausgelegt, der da lautet: ,,Glühkörper für elektrische Glühlampen, dadurch gekennzeichnet, daß er aus einem bei gewöhnlicher Temperatur

[1]) Bl. f. P.-, M.- u. Zw., XX. Jahrg., S. 7.

biegsamen und ziehbaren Wolframdraht besteht." Die Beschwerdeabteilung führte aus: [1]) Zunächst ist der Anmeldeabteilung darin beizustimmen, daß der ausgelegte Anspruch 1 lediglich ein längst bekanntes Ziel kennzeichnet, ohne daß zu erkennen ist, auf welchem Wege dieses Ziel erreicht werden kann. Wird ein Erzeugnis als selbständiger Patentgegenstand beansprucht, so muß der Anspruch die Zusammensetzung oder die Struktur des Erzeugnisses betreffen, und in dieser Hinsicht muß eine neue Lehre gebracht sein, wenn eine Erzeugniserfindung als vorliegend soll anerkannt werden können. Das alles trifft hier nicht zu. Der Erzeugnisanspruch läßt überhaupt keine neue Regel technischen Handelns erkennen, er trifft in keiner Weise die Lösung der Aufgabe. Die Erfindung liegt ausschließlich im Verfahren. Die Anmeldeabteilung hat deshalb mit Recht den Schluß gezogen, daß als Hauptanspruch nur der Verfahrensanspruch 3 in Frage kommen kann. Und so findet man dann häufig patentamtliche Entscheidungen, bei denen gesagt ist, es ist ein Verfahren beansprucht, das Patentfähige liegt aber nicht in der Art des Verfahrens, sondern in dem neuen Stoff oder Erzeugnis. Das Patentamt verlangt also, daß die entsprechende Kategorie gewählt wird. Das bedeutet, daß aus der gesamten Kausalreihe, soweit sie neu ist, nur ein Teil ausdrücklich geschützt wird. Nun aber sagt das Patentgesetz nichts aus, daß eine Einschränkung des Patentes auf einen Teil der Erfindung erforderlich sei. Der § 1 spricht davon, daß Patente erteilt werden für neue Erfindungen, und der § 20 spricht davon, daß im Patentanspruch anzugeben sei, was als patentfähig unter Schutz gestellt werden soll. Es muß darum möglich sein, soviel Kategorien aufzustellen, wie erforderlich sind, um die ganze Erfindung zu schützen, denn zur ganzen Erfindung gehört nicht nur der Teil, der das Werturteil trägt, sondern zur ganzen Erfindung gehören auch die übrigen Teile, denn sie sind nötig zur Erzielung der Wirkung. Auch sie sind Teile der gesamten Kausalreihe und deshalb patentfähig. Es muß deshalb möglich sein, das Verfahren, das Produkt und auch seine Anwendung durch besondere Patent-

[1]) Bl. f. P.-, M.- u. Zw., XX. Jahrg., S. 8.

ansprüche zu schützen, da die Sprache eine andere Formulierung der gesamten kausalen Kette nicht möglich macht. Das Produkt selbstverständlich nur soweit, als das Gesetz eine Patentierung des Produktes bei nichtchemischen Verfahren ermöglicht. Eine weitere Voraussetzung wäre allerdings, daß der besondere Patentanspruch von Bedeutung für die Rechtsfolge wäre oder doch der Klarheit dient.

Herstellungs- und Anwendungsverfahren. Insbesondere bei der Patentierung des Herstellungs- und Anwendungsverfahrens ist diese Frage von Bedeutung. Das Patentamt hat die Patentierung der Herstellung neben der Anwendung in je einem besonderen Anspruch abgelehnt [1]) mit der Begründung, daß es sich um dieselbe Erfindung handele, bei der nur die Art der Darstellung geändert sei.

Auch Dunkhase (Markenschutz und Wettbewerb, XX. Jahrg., S. 151 ff.) vertritt diesen Standpunkt. Er führt aus, das Erfinderische läge entweder in der Art der Herstellung, während die Anwendung ohne weiteres gegeben sei, und dann müßte sich der Anspruch auf das Herstellungsverfahren richten, oder die Herstellung sei für den Fachmann naheliegend, die Verwendung des hergestellten Produktes sei dagegen erfinderisch, dann habe sich der Anspruch auf die Anwendung zu beziehen. Sei sowohl die Herstellung erfinderisch und auch die Anwendung, sei aber diese Anwendung die einzige, die für das Produkt in Frage kommt, so müsse der Anspruch sich auf beides beziehen. Sei die Herstellung erfinderisch und auch die Anwendung erfinderisch, neben dieser erfinderischen Anwendung aber noch andere nutzbringende Anwendungen vorhanden, so könne man zwei Patentansprüche aufstellen, einen auf die Herstellung, einen auf die Anwendung.

In einer neueren Entscheidung (Mitteilung des Verbandes usw., XXI. Jahrg., S. 108) ist diese Auffassung Dunkhases grundlegend gewesen. Es handelte sich um ein Verfahren zum Gerben von Häuten, und es wurde ein Patentanspruch erteilt, der da lautete: „Verfahren zum Gerben von Häuten,

---

[1]) Bl. f. P.-, M.- u. Zw., XI. Jahrg. 1905, S. 120.

darin bestehend, daß man ... in solcher Menge zusammenbringt, daß eine ... Lösung entsteht, und in diese die Häute einlegt."

Es wurde also nicht geschützt das Verfahren zur Herstellung des Gerbmittels durch Zusammenbringen der Stoffe für sich allein in einem besonderen Anspruch, und auch nicht die Anwendung zum Gerben durch Einlegen der Häute in einem besonderen Anspruch, sondern ein zusammengezogener Anspruch.

Das Patentamt ist also der Meinung, daß der Patentanspruch nur den Teil der Kausalreihe enthalten dürfe, der die Erfindungsqualität trägt. Eine Entscheidung [1]) sagt aus: Ob eine Erfindung als Darstellungs- oder Anwendungsverfahren zu patentieren sei, entscheidet sich nach dem objektiven Gesichtspunkt und nicht schlechthin danach, ob der Anmelder die Erfindung als das eine oder andere darstellt.

Das Patentamt ist nicht konsequent gewesen. Es gibt Entscheidungen, z. B. die bekannte Congorot-Entscheidung (Patentblatt 1889 S. 209), bei denen die Herstellung von Farbstoffen patentiert wurde, wobei in der Art der Herstellung nichts Eigenartiges lag; man wußte wohl, daß man auf diese Weise Farbstoffe erhalten würde, die erhaltenen Farbstoffe zeigten aber in ihrer Anwendung besondere Eigentümlichkeiten. Das Erfinderische lag also hier in dem durch die Anwendung erhaltenen Effekt. Es wurde aber das Herstellungsverfahren patentiert, weil man ein Bedürfnis für den Schutz derartiger Erfindungen anerkannte. Der erfinderische Effekt bei der Anwendung genügte also, um den Teil der Kausalreihe schützen zu lassen, der an und für sich nichts Eigenartiges bot. Es ist also nur zu fordern, daß sich in einem Teil der Kausalreihe, die sich von dem Anfangsstoff aus erstrecken bis zu dem zur Befriedigung des menschlichen Bedürfnisses dienenden Endeffekt, ein Punkt befindet, der das erfinderische Wertmoment trägt. Mag dieser in der Herstellung oder Anwendung liegen, dann ist die gesamte neue Kausalreihe eine Erfindung, und es muß möglich sein, diese Erfindung durch soviel Patentansprüche und soviel

[1]) Bl. f. P.-, M.- u. Zw., XII. Jahrg., S. 325 ff.

verschiedene Kategorien, Verfahren, Stoffe, Herstellung, Anwendung zu schützen, wie nötig sind, um den größtmöglichen Schutz zu erhalten.

Es geht nicht, daß man einen Teil der Kausalreihe herausnimmt und ihn nur schützt und den anderen Teil, natürlich in der Voraussetzung, daß auch dieser Teil an und für sich neu ist, ungeschützt läßt.

Stoffe, die unmittelbar nach dem Verfahren hergestellt sind.

Gerade bei der Herstellung und Anwendung ist das von Bedeutung. Das Patentgesetz schützt nach § 4, falls das Patent für ein Verfahren erteilt ist, die durch das Verfahren unmittelbar hergestellten Stoffe. Wird also beispielsweise im Falle eines Farbstoffes nur das Herstellungsverfahren geschützt, so ist wohl der Farbstoff unmittelbar nach dem Verfahren hergestellt, nicht aber mehr das mit dem Farbstoff gefärbte Zeug. Letzteres kann also vom Auslande importiert werden, ohne daß damit eine Verletzung des Patentes gegeben ist. Der Erfinder hat also das größte Interesse daran, neben dem Herstellungsverfahren auch das Anwendungsverfahren geschützt zu bekommen. Das Patentgesetz läßt nach § 1 bei Stoffen, die auf chemischem Wege hergestellt werden, nur das Verfahren zu dieser Herstellung als schutzfähig zu, nicht den Stoff selber. Bei anderen Verfahren, die nichtchemische Stoffe betreffen (z. B. Mischverfahren), kann man den Stoff als solchen schützen und man kann dann neben der Anwendung auch den Stoff selbst als besonderen Anspruch unter Schutz stellen.

Eine weitere Beschränkung zeigt das Patentgesetz insoweit, als nach dem § 1 Erfindungen von Nahrungs-, Genuß- und Arzneimitteln nur soweit geschützt werden, als sie ein bestimmtes Verfahren zur Herstellung der Gegenstände betreffen. Es ist also auch hier der Stoffschutz für diese Mittel ausgeschlossen.

Mehrere Ansprüche.

Man wird also versuchen, möglichst viel Ansprüche aufzustellen mit den verschiedensten Kategorien. Man wird versuchen, die Einrichtung, die man benutzt bei einem Verfahren, zu schützen neben dem Herstellungsverfahren, damit nicht die Einrichtung als solche frei bleibt, ebenso einen Anspruch aufstellen für das erhaltene Produkt.

Unter-ansprüche. Es sind noch andere Möglichkeiten der Aufstellung mehrerer Ansprüche gegeben. So kann man (vgl. zu nachfolgenden Ausführungen [1]) in dem Anspruch 1 den allgemeinen Erfindungsgedanken unter Schutz stellen und in den Unteransprüchen besondere Ausführungsformen dieses Erfindungsgedankens. Ein Beispiel gibt das Patent 122 037, dessen erster Anspruch lautet: „Verfahren zur Regelung des Lichtbogens einer Bogenlampe, dadurch gekennzeichnet, daß die Regelungsvorrichtung von der mit dem Abbrand der Kohle sich ändernden Stellung des Lichtbogens beeinflußt wird." Der Anspruch 2 lautet: „Regelungsvorrichtung nach Anspruch 1, dadurch gekennzeichnet, daß durch die mit dem Abbrand der Kohle erfolgende Annäherung des Lichtbogens an ein Magnetfeld oder ein Solenoid der Widerstand des Lichtbogens ohne Vergrößerung der Spitzenentfernung der Kohle erhöht und dadurch die Regelungsvorrichtung zwecks Herbeiführung des Kohlennachschubes beeinflußt wird." Die Patentansprüche 3 bis 5 zeigen dann andere Ausführungen der Regelung.

Es genügt dabei nicht, daß der Hauptanspruch eine bloße Aufgabe stellt, während die Unteransprüche erst die Lösung der Aufgabe bringen, wie man vielleicht aus dem obigen Anspruch schließen könnte, sondern es müssen die Mittel entweder genannt sein in dem Anspruch selbst oder aber die Lösungsmittel müssen für den Fachmann bei Kenntnis der Aufgabe ohne erfinderische Tätigkeit gegeben sein.

Eine weitere Möglichkeit mehrerer Ansprüche besteht darin, daß weitere Verbesserungen des im Anspruch 1 Geschützten Gegenstand weiterer Ansprüche sind; z. B. lauten die Ansprüche des Patentes 245 552:

1. Vorrichtung zum Reinigen alter Luftschläuche oder ähnlicher Gummigegenstände, dadurch gekennzeichnet,

---

[1]) Hüfner, Markenschutz und Wettbewerb, XVI. Jahrg., S. 176 ff.; Heimann, Gewerblicher Rechtsschutz und Urheberrecht 1917 S. 44 ff.; Wirth, Mitteilungen des Verbandes Deutscher Patentanwälte, XVII. Jahrg., S. 73 ff.

daß ein Rahmen, in den ein aufgeschnittener Schlauch eingespannt werden kann, unter einer oder mehreren Arbeitswalzen hin und her verschiebbar angeordnet ist.

2. Vorrichtung nach Anspruch 1, dadurch gekennzeichnet, daß der Rahmen eine elastische Unterlage für den Luftschlauch trägt."

Mehrere Erfindungen in einem Patent. Es können in einer Patentanmeldung auch mehrere Erfindungen vereinigt sein. Der § 20 des Patentgesetzes fordert zwar, daß für jede Erfindung eine besondere Anmeldung erforderlich ist, aber unter diesem Begriff „jede Erfindung" ist nicht nur eine Erfindung, sondern ein Komplex von Erfindungen zu verstehen, sofern dieser sich zu einer einheitlichen Gesamterfindung zusammenschließen läßt. Die Entscheidung der Beschwerdeabteilung vom 24. Dezember 1913, Bl. f. P.-, M.- u. Zw., XIX. Jahrg., S. 292, hat folgende Grundsätze aufgestellt, wann ein solcher Erfindungskomplex zu einer Gesamterfindung sich zusammenschließt:

Einheitlichkeit der Erfindung. 1. Eine Erfindung ist einheitlich im Sinne des § 20 Satz 2 des Patentgesetzes, wenn das ihr zugrunde liegende Problem einheitlich ist und alle ihre Teile zur Problemlösung nötig sind oder auch nur geeignet, sie zu fördern.

2. Ist das Problem als solches neu, so können mehrere selbständige Lösungen in einer Anmeldung behandelt werden.

Ist das Problem als solches bekannt und gelöst, so müssen die in einer Anmeldung zu behandelnden Lösungen unter sich auf demselben Lösungsprinzip beruhen.

In beiden Fällen hat jede Lösung oder Ausführungsform der unter 1 für die Erfindungsteile gestellten Forderung zu genügen.

Nebenansprüche und Unteransprüche. Da nun mehrere Erfindungen in einer Anmeldung vorliegen können, so wird man für jede dieser Erfindungen einen besonderen Anspruch aufstellen, um für jede Erfindung besonderen Schutz zu haben. Es kann z. B. vorkommen, daß man findet, daß bei einer Maschinenerfindung, die aus einer Kombination verschiedener Teile besteht, daß da der eine Teil eine gesonderte Bedeutung hat, so daß er nicht nur verwendbar ist in Kombination mit den anderen Teilen dieser Maschine, sondern unabhängig von dieser Maschine besondere Verwendung finden kann. Dann wird man auf diesen Teil einen besonderen Anspruch richten.

Ein bekanntes Beispiel ist Feder und Unruhe bei der Uhr. Gegen selbständige Ansprüche bei einer Kombination spricht sich eine Entscheidung der Beschwerdeabteilung vom 24. September 1913 [1]) aus. Es ist also hier so, daß eine Gesamterfindung vorliegt, die aus mehreren Einzelerfindungen besteht, daß man aber für die Einzelerfindung als solche einen besonderen Schutz beansprucht, unabhängig von dem Schutz, den die Einzelerfindung genießt im Rahmen der Gesamterfindung. Es geschieht das durch Aufstellung besonderer Patentansprüche. In diesem Fall handelt es sich also in dem besonderen Anspruch um eine besondere Erfindung. Es ist danach dieser besondere Anspruch genau auf Neuheit und Erfindungsqualität zu prüfen, wie wenn der Anspruch als einziger Anspruch in der Patentanmeldung stünde. Bei Kombinationen aus zwei Elementen, bei denen jedes Element an und für sich eine Erfindung darstellt, tut man also gut, drei Ansprüche aufzustellen, den einen für das Element a, den anderen für das Element b und den dritten für die Vereinigung a/b.

Anders liegt die Sache in den Fällen, in denen in dem Unteranspruch die Merkmale des Hauptanspruchs mit aufgenommen werden. Hier kommen zu den Merkmalen des Anspruchs 1 in dem Unteranspruch andere Merkmale hinzu. In diesem Fall ist das Merkmal des Unteranspruchs ausschließlich zu prüfen auf Neuheit gegenüber den Merkmalen des Oberanspruches. Es ist nicht zu prüfen, ob das Merkmal des Unteranspruchs auch gegenüber dem Oberanspruch eine Erfindung darstellt, denn es setzt ja die Patentfähigkeit des Oberanspruchs, dessen Merkmale der Unteranspruch in sich aufnimmt, voraus. So hat das Reichsgericht in einer

[1]) Bl. f. P.-, M.- u. Zw., XIX. Jahrg., S. 296.

Entscheidung vom 16. Dezember 1914 bezüglich des obenerwähnten Patentes 245 552 gesagt: [1])

„Der Anspruch 2 setzt die nicht angefochtene Vorrichtung nach Anspruch 1, dessen Erfindungsgegenstand daher ohne weiteres als neu und patentwürdig zu gelten hat, als geschützt voraus und schützt an dieser Vorrichtung die Anordnung einer elastischen Unterlage für den zu reinigenden Luftschlauch usw.

Die elastische Unterlage als solche genießt nicht den Patentschutz, sie ist lediglich geschützt als Bestandteil der Vorrichtung nach Anspruch 1 und fällt aus dem Schutz des Patentes 245 552 heraus, wenn sie an einer solchen Vorrichtung nicht verwandt wird. In Verbindung mit ihr ist aber die Anordnung des Anspruchs 2 auch als patentwürdige Erfindung zu bewerten. Die Vorrichtung verfolgt den Zweck, die Reinigung alter Luftschläuche oder ähnlicher Gummigegenstände zu erleichtern. Die Erreichung dieses Zweckes wird unverkennbar wesentlich unterstützt, wenn die zu reinigenden Gegenstände bei der maschinellen Behandlung auf einer elastischen Unterlage gelagert werden."

Den gleichen Standpunkt hat das Reichsgericht und das Patentamt noch in anderen Entscheidungen [2]) eingenommen. Es ist also, wenn der Oberanspruch die allgemeine Idee betrifft und die Unteransprüche Ausführungsformen, oder wenn die Unteransprüche Verbesserungen des Oberanspruchs darstellen, nur die Neuheit des Merkmals des Unteranspruchs, nicht seine Patentfähigkeit von Bedeutung, aber bei verschiedenen Ansprüchen für Maschine, Verfahren, Produkt oder selbständigen Teilen einer Kombination oder sonstigen selbständigen Erfindungen ist ihre selbständige Patentfähigkeit zu prüfen. In beiden Fällen kommt das Verhältnis zum Oberanspruch bei Frage der Erfindungsqualität nicht in Betracht, da diese nicht vorveröffentlicht ist; die Lage ist die gleiche wie bei § 3 Absatz 1

---

[1]) Bl. f. P.-, M.- u. Zw., XIX. Jahrg., S. 292 ff.

[2]) Markenschutz und Wettbewerb, XVI. Jahrg., S. 179; Bl. f. P.-, M.- u. Zw. 1917 S. 99.

des Patentgesetzes bei der früheren Anmeldung. Aus diesen Entscheidungen ist nicht etwa zu schließen, daß nun jedes an und für sich bekannte Merkmal in Verbindung mit den Merkmalen des Anspruchs 1 als gesonderter Anspruch aufgestellt werden könne; das würde ja sonst dazu führen, daß man bei einer Maschine, bei der ein Merkmal neu und patentfähig ist, in den Unteransprüchen die Kombination aller Maschinenelemente in je einem neuen Unteranspruch für sich unter Schutz stellen würde. Das würde also zu unendlichen Patentansprüchen führen und wäre außerdem zwecklos, da diese Merkmale ja an und für sich bekannt wären.

Dadurch, daß eine bekannte Einrichtung einer neuen, schon in sich abgeschlossenen Erfindung zugefügt wird, ohne in derselben eine andere Wirkung zu erreichen, als sie schon in ihrer bisherigen Anwendung hervorrief, kann ihre Patentfähigkeit nicht begründet werden.[1]) Es genügt also jedenfalls im allgemeinen nicht die Neuheit der Kombination, denn diese liegt natürlich immer vor, wenn ein an und für sich neues Merkmal, wie es der Oberanspruch angibt, mit bekannten Merkmalen verbunden wird. Bedingung ist vielmehr, daß der Schutz der Haupterfindung durch die Unteransprüche eine Erweiterung erfährt; ist die Hinzufügung für den Schutz bedeutungslos, so daß er keine Erweiterung erfährt, so ist der Unteranspruch nicht zulässig.[2])

Man hat unterschieden [3]) zwischen untergeordneten und nebengeordneten Ansprüchen und unter untergeordneten Ansprüchen die verstanden, bei denen nicht auf Erfindungsqualität zu prüfen ist, sondern nur auf Neuheit, da sie die Merkmale des Oberanspruchs in sich aufnehmen und dessen Patentfähigkeit voraussetzen und unter nebengeordneten, bei denen auf beides zu prüfen ist, weil es sich hier um zwei Erfindungen handelt, die nur in einer Anmeldung angemeldet sind. Nicht dagegen dürfen die Unteransprüche unter dem Gesichtspunkt der Äquivalenz mit dem Hauptanspruch

---

[1]) Reichsgericht, Bl. f. P.-, M.- u. Zw. 1900 S. 57.
[2]) Dunkhase, Prüfung der Erfindung, S. 22.
[3]) Hüfner, Markenschutz und Wettbewerb, XVI. Jahrg., S. 176.

übereinstimmen, d. h. es dürfen nicht in dem Unteranspruch die Mittel beansprucht werden, bei denen der Fachmann ohne erfinderische Tätigkeit weiß, daß sie den Mitteln des Oberanspruchs in dem in Rede stehenden Fall äquivalent sind. Beansprucht also der erste Anspruch Schwefelsäure für eine bestimmte Reaktion und weiß der Fachmann ohne weiteres beim Lesen dieses Anspruchs an Hand der Unterlagen, daß Salzsäure dieselbe Wirkung hat, so darf im Unteranspruch nicht Salzsäure an Stelle von Schwefelsäure beansprucht werden. Nach der Praxis des Patentamts dürfen weiter in den Unteransprüchen nicht die besonderen Anwendungsarten der Erfindung und deren patentrechtliche Wirkungen zum Gegenstand genommen werden.[1]) So hat das Patentamt [2]) ein Patent erteilt mit folgenden Patentansprüchen:

1. Mit Draht verstärktes Papierflachgarn, dadurch gekennzeichnet, daß ...

2. Flachgarngewebe, dadurch gekennzeichnet, daß Kette oder Schuß oder beides ganz oder teilweise aus dem Flachgarn nach Anspruch 1 hergestellt sind.

Es hat dagegen Ansprüche für Säcke und gewisse andere Gewebe unter Verwendung des Materials des Anspruchs 1 nicht zugelassen, weil diese Ansprüche lediglich die aus § 4 des Patentgesetzes von selbst sich ergebende patentrechtliche Wirkung eines vorhergehenden Anspruchs zum Ausdruck bringen und auch nicht mit der Behauptung begründet werden können, daß dadurch dem Patentinhaber der Beweis einer etwaigen Patentverletzung erleichtert würde. Den Anspruch 2 hat das Patentamt zugelassen, weil er eine technisch und wirtschaftlich wichtige Verwertung des in Anspruch 1 geschützten neuen Erzeugnisses kennzeichnet. Ob der Anspruch 2 dem Anspruch 1 gegenüber eine Erfindung darstellt, ist nicht zu prüfen, sondern nur, ob er an und für sich dem Stande der Technik gegenüber die Eigenschaften einer neuen patentfähigen Erfindung besitzt.

---

[1]) Patentblatt 1884 S. 218.

[2]) Bl. f. P.-, M.- u. Zw., XXIII. Jahrg. 1917, S. 99.

Das Patentamt hat die Praxis, daß die Ansprüche miteinander verbunden werden, z. B. durch Ausdrücke wie: Ausführungsform des Verfahrens nach Anspruch 1, oder: Einrichtung zur Ausführung des Verfahrens nach Anspruch 1 oder dergl. Die Bekanntmachung zur Erläuterung der Bestimmung über die Anmeldung von Erfindungen vom 21. November 1919 sagt:

Unteransprüche sollen den sachlichen Zusammenhang mit dem Hauptanspruch oder mit anderen Unteransprüchen erkennen lassen. Sachliche Wiederholungen sind in Unteransprüchen zu vermeiden.

Diese Formulierung kennt also überhaupt keine Nebenansprüche, sondern nur Unteransprüche; eine Formulierungstechnik wäre nötig, bei der man aus der Formulierung des Anspruchs schon erkennt, ob es sich um einen Nebenanspruch oder einen Unteranspruch handelt; eine solche Technik fehlt jetzt.

Die Mehrheit von Ansprüchen hat die Bedeutung, daß man gezwungen ist, seine Anmeldung durchzudenken, um die für den Erfolg nicht notwendigen Merkmale nicht in den ersten Anspruch mit hineinzunehmen. Ihre Aufnahme in nachgeordneten Ansprüchen hat den Erfolg, daß für andere nun unmöglich gemacht wird, darauf gesonderte Patente zu erhalten.

Der Schutz der Einrichtung neben dem Schutz des Verfahrens hat die Bedeutung, daß dann die Einrichtung nicht hergestellt werden kann. Ist nur die Einrichtung patentiert und hat man keinen besonderen Anspruch auf das Verfahren, so ist, wenn nur die Arbeitsweise nachgemacht ist, eine Verletzung des nur die Einrichtung nennenden Patentanspruchs nicht gegeben.[1])

[1]) Zeitschrift für Industrierecht, I. Jahrg., S. 114.

Auslegung des Patentanspruchs.

Auslegung und Ergänzung. Unter Auslegung versteht man die Feststellung des Sinnes einer Norm, man versteht darunter sowohl die eigentliche Auslegung des Gesagten als auch seine Ergänzung.[1]) Man wird dabei häufig den Sinn in zweifelsfreier Weise feststellen können. Aber auch häufig wird über das Gebiet des Zweifelsfreien hinaus Zweifel herrschen über den Sinn dessen, was gemeint ist; jenseits dieses Gebietes fängt das Gebiet an dessen, was zweifellos nicht gemeint ist, und es wird Übergänge geben zwischen diesen beiden Extremen. Die Willenserklärung besteht aus der Erklärung und dem dahinterstehenden Willen, und es gibt nun zwei Theorien für die Auslegung, die abwechselnd mehr die Erklärung oder mehr den Willen betonen. Die Erklärungstheorie sagt, es müsse die Willenserklärung so gelesen werden, wie sie von dem Kreis, an den sie sich richtet, verstanden würde.

Willens- und Erklärungstheorie. Die Willenstheorie dagegen betont, sie müsse so verstanden werden, wie sie gewollt sei. Bezogen auf den Patentanspruch bedeutet das nach der ersten Lesart: Der Patentanspruch muß so verstanden werden, wie ihn der Fachmann versteht, denn er richtet sich an die Fachleute. Das Zweite bedeutet, er müsse so verstanden werden, wie ihn das Patentamt gewollt hat, denn er ist eine Erklärung des Patentamtes, dessen Wille maßgebend ist. Nicht was der Fachmann darunter verstände, könne Bedeutung haben, sondern nur was die zuständige Behörde gewollt habe, müsse gelten. Dieser Wille des Patentamtes wird sich oft feststellen lassen aus dem Studium der Akten.

---

[1]) Schanze, Markenschutz und Wettbewerb, XVII. Jahrg., S. 227.

Aller Schutz aus dem Patentanspruch. Nun gibt es zwei Auffassungen auf dem Gebiete des Patentrechts, die sich gegenüberstehen. Die eine Auffassung holt alles aus dem Patentanspruch heraus. Sie holt aus dem Patentanspruch, der den Schutz einer Kombination darstellt, auch den Schutz der Einzelteile. Sie meint, daß alle Äquivalente schon von vornherein im Patentanspruch durch das Patentamt geschützt seien, daß auch andere Lösungen einer konkreten Aufgabe geschützt seien, auch wenn da nicht die Aufgabe als solche allein unter Schutz gestellt ist, sondern eine konkrete Lösung. Sie ist der Meinung, daß alles, was der Richter nachher als durch das Patent geschützt feststellt, bereits durch das Patentamt im Anspruch geschützt sei. Der Richter hat also nur aus dem Patentanspruch alles herauszuholen, was darin ist.

Um beispielsweise den Teilschutz entsprechend dieser Auffassung als durch das Patentamt geschützt anzusehen, muß man also einen Willen des Patentamtes annehmen, der auf den Schutz der einzelnen Teile geht, und man muß weiter annehmen, daß das Patentamt, wenn es die einzelnen Teile eben schützen wolle, auch diese einer Prüfung auf Erfindungsqualität unterzogen habe, und man muß schließlich auch annehmen, daß dieser Wille des Patentamtes auch im Anspruch seinen Ausdruck gefunden habe. So sind auch eine Reihe von Entscheidungen des Reichsgerichts und der Gerichte [1]) auf diese Auffassung gegründet. Sie führen alles zurück auf den Willen des Patentamtes, zuerst auf einen vermuteten stillschweigenden Willen des Patentamtes. Da sich nun im Laufe der Zeit der Stand der Technik als Auslegungsmittel immer mehr in den Vordergrund schob, nahm man, um nun diesen Stand der Technik, auch wenn das Patentamt ihn nicht gekannt hat, mit dem Willen des Patentamtes in Einklang zu bringen, einen hypothetischen Willen des Patentamtes zu Hilfe. Nicht bloß das sei zu berücksichtigen, was das Patentamt, wie zu vermuten, gewollt und stillschweigend erklärt habe, sondern auch das, was es bei Kenntnis der Sachlage gewollt haben würde. Es handelt sich hier also in diesem Falle nicht mehr um eine bloße logische Auslegung, sondern es handelt sich um eine Ergänzung, denn

[1]) Vgl. Schanze, Markenschutz und Wettbewerb, XVII. Jahrg., S. 232 ff.

durch die Auslegung kann man nur finden, was einmal hineingetan ist. Hier wird aber etwas zugetan. Wie soll man nun aber beispielsweise herausholen aus dem Patentanspruch, als durch den Willen des Patentamtes geschützt, ein äquivalentes Mittel, das erst später gefunden wird und wobei die Erkenntnis der Äquivalenznatur eine Erfindung bedeutet? Das Patentamt kann daran gar nicht gedacht haben. Der Wille des Patentamtes, auch solche Äquivalente zu schützen, ist demnach ein leerer Wille, der seine Füllung erst erhält durch den Richterspruch. Da ist es doch wohl besser, zu sagen, daß der, der den Inhalt gibt, auch das Recht gibt. Oder wenn zur Begründung des Teilschutzes gesagt wird,[1]) daß zu vermuten sei, daß das Patentamt die einzelnen Teile der Kombination geprüft habe, so ist das eine Vermutung, die durch die Erfahrungen der Praxis alle Tage widerlegt wird.

Standpunkt des Reichsgerichtes. Der jetzige Standpunkt des Reichsgerichts ist der, daß zuerst in Betracht kommt die ausdrückliche Willenserklärung des Patentamtes. Soweit eine solche fehlt, kommt in Betracht der objektive Stand der Technik zur Zeit der Anmeldung, gleichviel, ob das Patentamt den Stand der Technik gekannt hat oder nicht. Insoweit handle es sich um die Anwendung einer Auslegungsregel.

Standpunkt Schanzes und Isays. Dieser Standpunkt des Reichsgerichts wird von Isay[2]) und Schanze[3]) bekämpft. Es wird von Isay unterschieden zwischen Patentgegenstand und Patentumfang. Letzteren nennt Schanze, soweit er den Gegenstand überragt, den akzessorischen Patentschutz. Er versteht darunter den Teilschutz und den Schutz des allgemeinen Erfindungsgedankens. Es handle sich beim akzessorischen Patentschutz nicht um eine Auslegung, sondern um eine Ergänzung, die eintrete auf Grund des Juristenrechts. Es komme gar nicht bezüglich des akzessorischen Patentschutzes auf den Willen des Patentamtes an, vielmehr erkenne der

---

[1]) Hüfner, Mitteilungen des Verbandes usw., XVIII. Jahrg., S. 57.
[2]) Kommentar, 3. Aufl., S. 178 ff.
[3]) Mitteilungen des Verbandes usw., XVIII. Jahrg., S. 13 ff.; Markenschutz und Wettbewerb, XVI. Jahrg., S. 69 ff., XVII. Jahrg., S. 225 ff.

Richter von sich aus und stelle fest, was an Teilen, Äquivalenten und dergl. durch das Patent geschützt sei. Der Richter holt also nicht aus dem Patentanspruch das alles heraus als durch den Willen des Patentamtes geschützt, sondern er selbst schützt das von sich aus.

Lückenlehre. Es ist das die sogenannte Lückenlehre,[1]) die da von der Erkenntnis ausgeht, daß der Gesetzgeber bei der Abfassung seiner Norm nicht an alle möglichen Interessen denken könne, die durch die Norm ausgeglichen werden sollen. Er denke regelmäßig nur an die typischen Interessengegensätze, und sie wolle er gesetzlich regeln. Darüber hinaus gebe es aber eine Anzahl anderer Interessengegensätze, an die der Gesetzgeber nicht gedacht habe und gar nicht habe denken können; und täglich erwüchsen im Leben neue Interessengegensätze, und alle diese verlangten ihre rechtliche Entscheidung, und so sei es auch im Patentrecht.

Juristenrecht. Auch hier seien dauernd neue Beleuchtungen, neue Erkenntnisse der Erfindungen vorliegend, an die das Patentamt bei der Erteilung des Patentes nicht gedacht habe und nicht habe denken können, und die daraus erwachsenden Interessengegensätze habe der Richter zu entscheiden. Es gäbe so als eine besondere Rechtsquelle das Juristenrecht.[2])

Gegen Schanzes Auffassung wird geltend gemacht, daß hier ja dann Patente erteilt würden auf Dinge, die nicht geprüft seien und nicht ausgelegt seien, ein ungesetztes Recht in diesem Sinne gebe es nicht[3].) Von der anderen Seite wird geantwortet, daß die Tatsache der Praxis [4]) zeige, daß nun mal so vorgegangen würde.

Der Grundgedanke der ersten Auffassung ist der, daß es nur eine Rechtsquelle für das Patentrecht gäbe; das Patentamt; es ist der Wunsch nach der Einheit der Rechtsquelle:

---

[1]) Wirth, Mitteilungen des Verbandes usw., XIII. Jahrg., S. 53 ff.

[2]) Ehrlich, Juristische Logik. Tübingen 1918, Verlag Mohr. Cosack, Bürgerliches Recht, S. 26, 36.

[3]) Hüfner, Mitteilungen des Verbandes usw., XVIII. Jahrg., S. 53 ff.

[4]) Ehrlich, Juristische Logik. Tübingen 1918, Verlag Mohr.

die anderen dagegen nehmen das richterliche Recht neben dem geschriebenen Recht und dem Gewohnheitsrecht als besondere Rechtsquelle an.

Auslegung des Patentanspruchs. Bei den Anhängern der Anschauung, daß der Patentanspruch den Umfang anzugeben habe, ist der Glaube vorhanden, daß sich nun alles auf einfache Weise durch logische Operation aufklären ließe, wie weit das Patent reiche, ob es verletzt wird; das ginge alles zu machen, indem man prüft, ob eine logische Subsumtion gegeben ist. So sagt Hartig: [1]) „Und sodann kann ein Techniker, wenn er aufgefordert wird, vor Gericht als Sachverständiger die Frage ‚nach Wissen und Gewissen' zu beantworten, ob ein Gegenstand, ein Werkzeug, eine Maschine usw. ein in Geltung befindliches Patent verletze, gar nicht anders verfahren, als immer nur die eine technische und logische Untersuchung durchzuführen, ob der nach seinen wesentlichen Merkmalen, also begrifflich aufgefaßte Gegenstand in die durch das Patent geschützte, durch die Formulierung des Patentanspruchs präzisierte Begriffssphäre im technischen oder im logischen Sinne hineinfällt oder nicht, ob also zwischen den beiden zu vergleichenden Begriffen das Verhältnis der Unterordnung oder der Nebenordnung, der Einschließung oder der Ausschließung vorliegt. Hierauf läuft die Aufgabe des Begutachters immer hinaus, das ist sein ganzes Geheimnis."

Die ganze Anschauung, daß es möglich sei, ausschließlich durch logische Operation festzustellen, was geschützt ist, ist meines Erachtens falsch. Die Anhänger dieser Anschauung glauben dies, und sie glauben, daß auf diese Weise durch Voraussehbarkeit der Entscheidung die Rechtssicherheit gewährleistet wird. Sie meinen also, daß die Ergebnisse mit objektiver Gültigkeit zu erkennen wären, d. h. daß bei richtiger Anwendung der Gesetze der Logik durch rein vernunftgemäßes Schließen jedermann zu diesem Ergebnis kommen müsse. Sie sind der Ansicht, daß nur e i n Ergebnis möglich sei, daß es sich um ein Entweder-Oder handelt, um ein Richtig oder Falsch, kurz, daß alle subjektiven Momente ausscheiden.

---

[1]) Studien usw. S. 260.

Juristischer Schluß. „Die rechtliche Entscheidung besteht in der Subsumtion eines gegebenen Tatbestandes unter das geltende Recht; sie ist wie jeder logische Schluß vom Willen unabhängig; es besteht keine Freiheit der Entschließung, ob die Folgerung eintreten soll oder nicht.“ [1])

Es steht hierbei allerdings der Obersatz fest, der in unserem Falle der Patentanspruch ist. Zu jedem Syllogismus gehört dann noch ein Mittelsatz und ein Schlußsatz. Der Obersatz knüpft an einen Tatbestand eine Rechtsfolge, so daß sich also für den Obersatz folgendes Bild ergibt:

Wer wissentlich oder aus grober Fahrlässigkeit eine Pfeffermühle, bei welcher die Drehung des Reibkegels durch den Vorratsbehälter selbst eingeleitet wird, so daß die Drehachse nicht durch diesen Behälter hindurchzugehen braucht, in Benutzung nimmt, ist dem Patentinhaber zur Entschädigung verpflichtet.

Der Mittelsatz ist bei jedem Syllogismus nötig, da er den Mittelbegriff, der die Verbindung zwischen dem Oberbegriff und dem Unterbegriff enthält, bildet. Dieser Mittelbegriff ist der Tatbestand, so daß der Mittelsatz lautet:

A hat grob fahrlässig eine Pfeffermühle mit den und den Kennzeichen in Benutzung genommen.

Der Untersatz lautet dann:

A ist zur Entschädigung verpflichtet.

Bei dieser Sache wird es sich allerdings, mit Ausnahme der Bewertungsfrage, ob grobe Fahrlässigkeit vorliegt oder nicht, um einen rein logischen Schluß handeln; aber die Fälle, daß die Nachahmung genau übereinstimmt mit dem Gegenstand der Erfindung, sind die allergrößten Ausnahmen, das Normale ist eine Abweichung.

Wenn bei dem Lanolinpatent 22 516 ein Verfahren geschützt ist, das aus einer Reihe von Handlungen besteht, und es wird nun nur ein Teil des Verfahrens nachgemacht, so ist die Sachlage doch anders als im obenerwähnten Fall. In diesem Falle würde nämlich der Obersatz lauten:

Wer grob fahrlässig ein Verfahren benutzt, das aus den wesentlichen Teilen des unter Patent Nr. 22 516 ge-

---

[1]) Laband, Staatsrecht, 3. Aufl., Bd. I S. 646.

schützten Verfahrens besteht, ist zur Entschädigung verpflichtet.

In diesem Falle hätte also der Richter selbst den Obersatz zu schaffen; denn das Patent lautet ja gar nicht so, sondern das dort geschützte Verfahren enthält ja außer diesen Teilen noch andere Teile, und der Richter hätte demnach festzustellen, daß es sich um wesentliche Teile handelt, und weiter, daß diese wesentlichen Teile für sich Schutz genießen.

Die Feststellung, ob die Teile wesentlich sind, wäre aber eine Bewertung. Nach welchen Grundsätzen muß nun festgestellt werden, ob es sich um wesentliche Teile handelt oder nicht? Ob es ein wesentlicher Teil des Verfahrens ist, kann nicht in Frage kommen; denn für das Verfahren ist wesentlich jeder Teil. Denn jeder Teil ist nötig für die Erreichung des Endproduktes. Es kann das Wesentliche nur festgestellt werden aus der Rechtsfolge. Wesentlich ist der Teil, bei dem die Rechtsfolge der Entschädigung eintreten soll. Wenn man die Rechtsfolge wählt, so beurteilt man rückwärts den Teil als wesentlich, es ist die Aufrollung des Tatbestandes von der Rechtsfolge her. Man kommt also zu dem Ergebnis, daß nach der Ansicht des Gesetzgebers das Vorliegen eines Tatbestandes maßgebend ist für die Rechtsfolge, und daß umgekehrt die Rechtsfolge wiederum maßgebend ist, ob ein Tatbestand als vorliegend erachtet wird oder nicht. Ob nun in diesem Falle die Rechtsfolge erwünscht erscheint oder nicht, das ist meines Erachtens ein durchaus subjektives Urteil.

Da jeder Anspruch auch eine Definition genannt werden kann und den Zweck, den jede Definition hat, die Beseitigung der Unsicherheit, erfüllen soll, so müßte jede Definition, nicht nur die juristische, wenn sie ihren Zweck vollkommen erfüllen will, aus vollkommen eindeutigen Begriffen bestehen, d. h. die allgemeinen Wortbedeutungen, aus denen die Definition zusammengesetzt ist, müßten ihrerseits wieder eindeutige Begriffe sein. Es müßte also jede dieser einzelnen Wortbedeutungen, die die wesentlichen Merkmale des Begriffs ausmachen, wenn sie mehrdeutig sind, wieder definiert sein, und da nun auch diese Definitionen der wesentlichen Merkmale wiederum aus allgemeinen Wortbedeutungen bestehen, so müßten auch diese wieder definiert sein, kurz, es würde eine unendliche Reihe von Definitionen erforderlich sein, um das Ideal einer vollkommen zweifelsfreien Definition zu erreichen. Eine solche absolute Bestimmtheit des Begriffs ist nun aber für die Zwecke der Wissenschaft nicht nötig. So genügt dem Juristen für seine Zwecke im großen und ganzen die Definition des Geldes als ein öffentlich beglaubigtes Tauschmittel, ohne daß er nun noch weiter definiert, was öffentlich ist, was beglaubigt ist und was ein Tauschmittel ist.

Erst bei der Rechtsanwendung werden diese Bestimmungen eine Rolle spielen. Und so auch im Patentanspruch. Auch hier werden die allgemeinen Wortbedeutungen, aus denen sich der Anspruch zusammensetzt, häufig näher bestimmt werden müssen; aber auch hier wird es sich um eine Bestimmung nach teleologischen Grundsätzen, nach der Rechtsfolge, handeln und nicht nach naturwissenschaftlichen. „Alles, was in das Reich des Rechts gerät, verliert seinen naturalistischen, von Wertbeziehungen freien Charakter" (Lask, Rechtsphil. S. 36). Man wird die Bestimmung so vornehmen, daß die gewünschte Rechtsfolge eintritt. Wenn beispielsweise in einem Patentanspruch das Wort „Zement" vorkommt, und es entsteht der Zweifel, ob das, was der Verletzer benutzt, Zement ist oder nicht, so wird man nicht nach der Definition, die Hartig angibt vom Zement, nun feststellen, ob wirklich Zement vorliegt, sondern nach dem Rechtszweck, was mit dem Patentschutz beabsichtigt war. Es kann deshalb auch unter Umständen eine Einrichtung eine Maschine sein, trotzdem sie nach der Hartigschen Definition der Maschine ausdrücklich nicht darunter fällt. Es kann eine Kreuzung von Hund und Wolf als Hund im Sinne des Hundesteuergesetzes gelten, wenn auch der Zoologe nicht ein Exemplar eines Hundes für vorliegend erachtet. Es ist falsch, zu glauben, daß der technische Sachverständige deshalb in Verletzungsprozessen in solchen Fällen den Ausschlag gibt; denn es handelt sich nicht um eine technische Begriffsbestimmung, sondern um eine juristische. Das Recht übernimmt nicht technische Begriffe unbesehen, sondern es bildet sie erst für seine Zwecke. Rumpf hat recht: [1]) „Das wissenschaftliche Denken ist überall kein bloßes Aufnehmen in der Wirklichkeit in Wahrheit schon vorgezeichneter

[1]) Rumpf, Recht und Wirtschaft, II. Jahrg., S. 87 ff.

Unterscheidungen und Über- und Unterordnungen, sondern eine von dem aktiven Ordnungs- und Formungsvermögen des Menschengeistes wesentlich abhängige Leistung."

Es ist zuzugeben, daß der jetzige Zustand nicht befriedigend ist; der Patentinhaber weiß nicht, was ihm geschützt ist, ebensowenig die Industrie; die Arbeit des Patentamts ist teilweise überflüssig, bei jedem Verletzungsprozeß wird nochmals der Stand der Technik aufgerollt. Der Weg der Abhilfe scheint mir in der Richtung der Vorschläge Wirths [1]) in der Erweiterung der Anspruchsmöglichkeiten zu liegen. Es muß möglich sein, bindende Erklärungen des Anmelders zuzulassen über den Sinn seiner Erfindung, den Erfindungsgedanken, die Aufgabe, das heißt also über etwas, das noch kein Gegenstand ist, das nicht verkörpert ist, das man nicht fassen kann, in den Verkehr bringend feilhalten kann, sondern das ein Minus an Merkmalen demgegenüber hat. Und nun die Möglichkeit, daß das Patentamt Stellung nimmt zu dieser Aufgabe oder auch sie einfach registriert. Naturgemäß muß die Aufgabe gelöst sein. Das ist Voraussetzung der Patentfähigkeit, und diese Lösungen können Gegenstände von Ansprüchen sein der jetzigen Form. Weiter, Ansprüche über einzelne Merkmale, bloße Eigenschaften, Ansprüche auf Teile unter- und nebengeordnete Ansprüche und als Korrelate eine enge Bindung der Gerichte an diese Ansprüche.

Dieser Vorschlag leitet in amerikanische Anspruchsverhältnisse über, er bedeutet eine Vermehrung der Arbeit des Patentamtes. Aber hier scheint mir doch die Richtung gegeben, in der man die auseinanderstrebenden Interessen des Erfinders auf möglichsten Schutz seiner Erfindung und der Industrie auf möglichste Rechtssicherheit vereinigen kann.

Bestimmung des Geschützten. Wie schon früher erwähnt, haben Patentamt und Reichsgericht die Auffassung, daß das Patentamt bei der Prüfung von vornherein den Gegenstand der Erfindung zu bestimmen und den Schutzumfang, soweit tunlich, in der Patentschrift abzugrenzen hat.[2]) Es wird hier nun allerdings im Einzelfalle vielleicht Streit herrschen, wie weit

[1]) Wirth, Mitteilungen des Verbandes usw., XXI. Jahrg., S. 55 ff.
[2]) Bl. f. P.-, M.- u. Zw. 1914 S. 298.

man tunlich zu gehen hat. Immerhin wird ein Unterschied zwischen Gegenstand und Umfang nicht gemacht.

Demgegenüber vertritt Isay den Standpunkt,[1]) daß das Patentamt ausschließlich den Gegenstand der Erfindung zu bestimmen habe, nicht den Umfang. Unter dem Schutzumfang versteht Isay die Durchführung des Erfindungsgedankens mit anderen Mitteln, Übertragung auf andere Aufgaben, den Teilschutz und den Schutz der unmittelbaren Erzeugnisse eines patentierten Verfahrens. In ähnlicher Weise hat Schanze [2]) und an anderen Stellen zwischen Gegenstand des Patentes und akzessorischem Patentschutz unterschieden. Zwischen Schutzumfang und Gegenstand des Patentes besteht aber im allgemeinen kein grundsätzlicher Unterschied. Unter Gegenstand der Erfindung wird verstanden im allgemeinen die Verkörperung des Erfindungsgedankens. Alles, was unter den Schutzumfang fällt, sind auch Verkörperungen des Erfindungsgedankens, und alle diese Verkörperungen hätte der Anmelder von vornherein gleich mit in den Patentansrpuch aufnehmen können, wenn er ihn von vornhereiñ entsprechend weit genug gefaßt hätte. Besser ist zu unterscheiden zwischen dem Patent selbst und der Wirkung des Patentes, wobei die Beurteilung der Wirkung des Patentes [3]) dem ordentlichen Gericht obliegt.

Verbietungsrecht und Recht zur Selbstbenutzung.

Einen Unterschied allerdings gibt es zwischen beiden: es kann etwas unter den Umfang eines Patentes fallen und doch nicht zum Gegenstand des Patentes gehören, in dem Sinne, daß dem Inhaber des Patentes das Recht zur Benutzung zusteht. So kann die Übertragung eines geschützten Mittels zur Lösung einer anderen Aufgabe oder die Erkenntnis der Äquivalenznatur eines Mittels Gegenstand eines Patentes sein, das dann abhängig ist von dem früheren Patent und ohne Erlaubnis des Inhabers dieses Patentes nicht ausgeübt werden kann, aber auch diesem ist die Benutzung dieses abhängigen Patentes

---

[1]) Vgl. Kommentar, 3. Aufl., S. 172 ff.

[2]) Mitteilungen des Verbandes usw., XVIII. Jahrg., S. 13 ff.

[3]) Bl. f. P.-, M.- u. Zw., XVIII. Jahrg., S. 23.

nicht gestattet. Es ist zu unterscheiden zwischen einem Verbietungsrecht und einem Recht zur eigenen Benutzung.

Ein weiterer Unterschied zwischen Patentgegenstand und Patentumfang ist der, daß zum Patentumfang etwas gehört, was nicht gegenständig ist, der Schutz der Aufgabe, des Erfindungsgedankens. Diese sind maßgebend für das, was unter das Patent alles fällt. Man schließt rückwärts von dem Patentgegenstand auf den Erfindungsgedanken, die Aufgabe, und von dort weiter auf einen anderen Gegenstand und stellt so fest, ob dieser Gegenstand unter das Patent fällt; man vergleicht den Gegenstand des Patentes und den Gegenstand der Nachahmung, und das tertium comparationes ist der Erfindungsgedanke; dieser ist dann nicht patentiert, aber er ist geschützt.

Die Gegenüberstellung der verschiedenen Aufgaben der Gerichte und des Patentamts hat ihre Bedeutung in bezug auf die Zuständigkeit gegenüber von Verzicht und Einschränkung. Hat das Patentamt nicht die Aufgabe, den Schutzumfang festzustellen, so sind Verzichte des Anmelders und Einschränkungen des Patentamtes, soweit sie sich auf den Schutzumfang beziehen, ohne Bedeutung. Natürlich sind sie wirkungsvoll, soweit sei sich auf den Gegenstand des Patentes beziehen.[1])

Es ist also bei der Auslegung zuerst festzustellen, was das Patentamt hat schützen wollen. Bleiben Zweifel übrig, so ist nach der jetzigen Praxis maßgebend für den Umfang des Patentes der Stand der Technik, besonders ausdrücklich betont in der Entscheidung vom 9. Februar 1910 (Bl. f. P.-, M.- u. Zw. 1910 S. 157), welcher Standpunkt von Patentamt und Reichsgericht festgehalten wird.[2])

Ist der Patentanspruch an sich vollkommen klar, so bedarf es keiner Auslegung. Sind Unklarheiten, so befolgt man bei der Feststellung dessen, was das Patentamt hat schützen wollen, den Grundsatz des § 133 BGB. Es ist der wirkliche Wille zu erforschen und nicht an dem buchstäblichen Sinne des Ausdrucks zu haften. Die Patentschrift ist für den Techniker bestimmt, demgemäß ist der Wortlaut so zu verstehen, wie

[1]) Isay, Kommentar, 3. Aufl., S. 178.

[2]) Bl. f. P.-, M.- u. Zw. 1914 S. 133 und 298.

ihn der Techniker auffaßt. „Patente sind nicht dazu bestimmt, die Wissenschaft zu fördern, sondern sollen den Zwecken der Technik und des Verkehrs dienen. Steht der Sprachgebrauch der reinen Theorie mit den Gepflogenheiten dieser Kreise nicht im Einklang, so darf er für die Auslegung nicht maßgebend sein." (Entscheidung des Reichsgerichts vom 24. Mai 1912 über die Bedeutung des Wortes „zwangsläufig.")[1]) Der Patentanspruch ist ein Teil der Patentschrift; diese ist zur Auslegung mit heranzuziehen. Zur Patentschrift gehören die Zeichnungen, die Sprache des Technikers.[2])

Bei der Auslegung von Patenten ist auch auf solche Merkmale Rücksicht zu nehmen, die sich nur aus der Beschreibung und der Zeichnung, nicht aus dem Anspruch selbst ergeben.[3])

Maßgebend ist aber immer der Anspruch. Die Heranziehung der Beschreibung darf nicht dahin führen, daß der Anspruch seiner gesetzlichen Bedeutung, dasjenige, was als patentfähig unter Schutz gestellt werden soll, anzugeben, entkleidet wird.[4])

Zur weiteren Aufklärung dessen, was das Patentamt hat schützen wollen, sind die Erteilungsakten heranzuziehen. Aus den Erteilungsakten ist die entgegengehaltene Literatur zu ersehen, und es ist daraus unter Umständen festzustellen bei zweifelhaften Fällen, ob das Patentamt einen weitergehenden Schutz hat bewilligen wollen oder nicht.

Aus den Erteilungsakten sind auch evtl. Beschränkungen des Patentamtes und Verzichte des Anmelders zu ersehen. Wie oben erwähnt, haben nach der Praxis im Gegensatz zu Isay und Schanze diese Verzichte und Beschränkungen Bedeutung auch soweit sie sich auf den Umfang des Patentes beziehen. Ob ein Verzicht oder eine Beschränkung vorliegt, wird in vielen Fällen zweifelhaft sein.

Verzichte und Einschränkungen. Es wird verlangt, daß für Verzichte des Anmelders und etwaige vom Patentamt beabsichtigte Einschränkungen die Erwähnung in den Erteilungsakten nicht genügt, sondern es darauf allein ankommt,

---

1) Bl. f. P.-, M.- u. Zw. 1912 S. 310.
2) Bl. f. P.-, M.- u. Zw. 1912 S. 225.
3) Bl. f. P.-, M.- u. Zw. 1912 S. 225.
4) Reichsgericht, Bl. f. P.-, M.- u. Zw. 1906 S. 189.

ob sie bei den Akten der Erteilung Berücksichtigung gefunden haben.[1])

„Eine Verzichtserklärung des Anmelders, die nach der Rechtsprechung des Reichsgerichts für den Richter bei Bestimmung des Schutzumfanges eines Patentes bindend ist, setzt begrifflich voraus, daß der Erklärende in unzweideutiger Weise bestimmten Rechten, die er bei der Anmeldung des Patentes für sich beansprucht hat, oder die sonst im Erteilungsverfahren zur Erörterung gestanden haben, entsagt." [2]) Über die Beschränkung sagt das Reichsgericht: Nur wenn sich aus der Patentschrift klar ergibt, daß das Patentamt einen weiteren Schutz gewähren wollte, als nach dem Stande der Technik zur Zeit der Patentanmeldung möglich war, muß der Stand der Technik unberücksichtigt bleiben.[3])

Ebenso haben Bedeutung einschränkende Urteile der Nichtigkeitsinstanz und sind weiter in Rücksicht zu ziehen.

Ergeben sich nach alledem noch Zweifel über das, was das Patentamt hat schützen wollen, so ist die Patentschrift so auszulegen, daß sie dem Stande der Technik, auch falls er dem Patentamt nicht bekannt war, entspricht.

„Für das Patentamt ist es unmöglich, den gesamten Stand der Technik, sogar soweit, als er aus Druckschriften nicht zu ersehen ist, also sämtliche Erzeugnisse des Gewerbes, zu kennen." Ist das aber unmöglich, so kann das Patentamt auch dazu nicht verpflichtet sein.[4])

Der Stand der Technik ist nach der herrschenden Auffassung zu bestimmen nach § 2 des Patentgesetzes, also öffentliche Druckschriften der letzten hundert Jahre und offenkundige Vorbenutzungen im Inland. Es fallen demnach weg Vorträge, indes wird hingegen jede, auch die verborgenste Druckstelle, falls sie nur in einer öffentlichen Druckschrift enthalten ist, berücksichtigt. Begründet wird das damit, daß das Material,

---

[1]) Beschwerdeabteilung vom 16. Dez. 1912, Bl. f. P.-, M.- u. Zw., XVIII. Jahrg., S. 322.

[2]) Reichsgericht vom 21. März 1917, Mitteilungen des Verbandes usw., XVII. Jahrg., S. 84.

[3]) Mitteilungen des Verbandes usw., XV. Jahrg., S. 10 ff.; vgl. hierzu Isay, Gewerblicher Rechtsschutz und Urheberrecht, XX. Jahrg., S. 157 ff., Schanze, Markenschutz und Wettbewerb, XV. Jahrg., S. 332.

[4]) Reichsgericht vom 8. Nov. 1913, Bl. f. P.-, M.- u. Zw., XIX. Jahrg., S. 381.

das für die Prüfung eines Patentes vorliegen darf, dasselbe sein muß wie das für die Auslegung durch den Richter vorliegende.

Von anderer Seite [1]) wird eine andere Auffassung vertreten. Nur für die Neuheit gelte § 2, für die Eigenart aber komme es darauf an, was wirklich dem Fachmann bekannt ist; dazu gehören auch Vorträge und gehören nicht verborgene Druckschriften.

Ergibt der Stand der Technik allerdings, daß das Patent zu Unrecht erteilt ist, so ist doch der Richter an das einmal erteilte Patent gebunden, und es bleibt nur übrig, im Wege der Nichtigkeitsklage das Patent zu vernichten.

Weiter darf der Stand der Technik nur so weit berücksichtigt werden, daß in der Anmeldung noch eine Erfindung übrigbleibt. Der Stand der Technik ist also insoweit nicht in Betracht zu ziehen, als er sich mit der Erfindung deckt, und auch insoweit nicht, als er nur geringe Abweichungen zeigt von dem Patent.

Der Stand der Technik ergibt die Bedeutung der Erfindung. Diese Bedeutung der Erfindung ist maßgebend für ihre Auslegung, für die Frage, ob nur eine beschränkte Aufgabe geschützt ist, oder ob eine weitere Aufgabe unter Schutz gestellt ist, denn geschützt ist allemal eine Aufgabe.[2])

Zweck und Aufgabe. Es ist nun zuerst festzustellen, welche Aufgabe der Erfinder gelöst hat.

Schutz für alle Zwecke. Zu unterscheiden ist von der Aufgabe der Verwendungszweck oder die Brauchbarkeit. Ein Patent schützt nicht nur einen Zweck, sondern es schützt für alle Verwendungszwecke. Die Frage nach der Aufgabe enthält also gleichzeitig die Frage nach dem Zweck. Jede Erfindung muß einen Zweck erfüllen, d. h. ein vernunftgemäßes menschliches Bedürfnis befriedigen. Die Mittel, die die Erfindung an Hand gibt zur Befriedigung dieses menschlichen Bedürfnisses, können aber gleichzeitig noch andere Zwecke erfüllen. Dann ist die Erfindung nicht etwa eingeschränkt auf den einen Zweck,

---

[1]) Bl. f. P.-, M.- u. Zw. 1917 S. 274, 1918 S. 259 und 322; Dunkhase, Prüfung der Erfindung auf Patentfähigkeit, S. 32 bis 38.

[2]) Bl. f. P.-, M.- u. Zw., XVII. Jahrg., S. 272; XVIII. Jahrg., S. 322.

sondern die Mittel sind geschützt für alle Zwecke, d. h. mit anderen Worten, es sind ebensoviele Aufgaben oder eine erweiterte Aufgabe geschützt. Beispielsweise handelt es sich in einem Fall [1]) um ein Patent, das nach seinem Anspruch ein Verfahren zur Darstellung magnetisierbarer Manganlegierungen zum Gegenstand hatte. Es wurde entschieden vom Reichsgericht, daß die Legierung an und für sich neu war und daß deshalb die Verwendung der Legierung auch zu anderen Zwecken als wie zu magnetischen Zwecken unter das Patent falle. Es ist also die geschützte Aufgabe gewesen nicht die Herstellung einer magnetisierbaren Manganlegierung, sondern die Herstellung einer Manganlegierung überhaupt, und es fällt nachdem alle Verwendung dieser Manganlegierung unter das Patent.

Beruht die Erfindung gerade in der Anwendung eines an sich bekannten Mittels für einen neuen Zweck (beispielsweise wenn die Mischung verschiedener Stoffe an und für sich bekannt ist, so kann die Verwendung dieser Mischung als Gerbmittel oder als Schmiermittel eine Erfindung darstellen),[2]) so ist nur dieser Zweck geschützt, da die Aufgabe eben eine begrenzte ist.

Diese Ausdehnung auf alle Zwecke geht sehr weit. Wenn in dem eben angegebenen Beispiel die Herstellung der Legierung aus den betreffenden Stoffen an und für sich zwar neu war, aber an und für sich nahelag und der Erfinder nun erkannt hat, daß diese Legierung magnetisierbar war, so könnte man meinen, daß, wenn ein anderer nun erkennt, daß dieselbe Legierung beispielsweise infolge ihrer Härte für Panzerplatten besonders geeignet ist, ohne daß es dabei auf ihre Magnetisierbarkeit ankommt und ohne daß der erste Erfinder diese Härte und ihre Verwendungsmöglichkeit erkannt hatte, daß diese Verwendung zu Panzerplatten frei ist vom Patentschutz, denn die Herstellung der Legierung an und für sich bildet doch nicht die Erfindung, denn diese lag nahe, sondern erst die Magnetisierbarkeit dieser Legierung. Zwar hat der erste Erfinder zuerst die Legierung hergestellt, aber damit hat er die Technik allein noch nicht bereichert, sondern damit ist nur an und für sich eine Legierung auf den Markt gekommen, die jeder Fachmann

[1]) Bl. f. P.-, M.- u. Zw. 1914 S. 298.
[2]) Markenschutz und Wettbewerb, XX. Jahrg., S. 151 ff.; Danziger, Mitteilungen des Verbandes usw., XIV. Jahrg., S. 2.

hätte auch herstellen können. Erst in der Erkenntnis der Magnetisierbarkeit stellt die Legierung eine Bereicherung der Technik dar, aber nur für einen bestimmten Zweck. Wenn ein anderer bei dieser selben Legierung andere wertvolle Eigenschaften erkennt, so liegt das außerhalb der ersten Erfindung. Anwendungsmöglichkeiten eines erfinderischen Gedankens, die nicht im Bereich der Erkenntnis des Erfinders liegen, dürften nicht in die Erfindung hineingezogen werden.

Aufgabe und Schutzumfang. Das Wesentliche für den Schutzumfang einer Erfindung ist die Aufgabe. Sie ist maßgebend für die Grenzen der Erfindung. Es ist allerdings nicht so, daß die Aufgabe an und für sich patentiert wird, denn die Aufgabe selber ist noch keine fertige Erfindung. Patentiert werden nur die Mittel, denn nur die Mittel als räumlich zeitliche Erscheinungen ermöglichen einen Zugriff. Aber man schließt regelmäßig von den konkreten Mitteln, die die Erfindung nennt, rückwärts auf die Aufgabe, zu deren Lösung die Mittel dienen. So werden zwar die Mittel patentiert, aber geschützt wird die Aufgabe. Sie ist maßgebend zur Feststellung dessen, welche Mittel außer den im Anspruch genannten patentiert werden.

Schutz der Äquivalente. Daß die Aufgabe das Wesentliche für den Schutzumfang ist, geht insbesondere hervor aus dem Schutz der Äquivalente. Es werden nicht nur die konkreten Mittel allein geschützt, die ihr Patentanspruch angibt, sondern auch ihre äquivalenten Mittel. Welche Mittel aber äquivalent sind, das hängt ab von der Wirkung, der die Mittel dienen, d. h. von der Aufgabe, die die Erfindung löst. Die Aufgabe gibt da die Grenzen der Äquivalenz, wie weiter unten dargelegt wird. Da auch die Übertragung auf ein anderes Anwendungsgebiet unter das Patent fällt, selbst wenn diese Übertragung erfinderisch ist, so ist für die Feststellung der Aufgabe maßgebend nicht, was der Fachmann zur Zeit der Anmeldung aus der Erfindung herausliest, sondern es ist zu berücksichtigen auch die spätere Entwicklung, die sich an die durch das Patent geschaffenen Mittel anknüpft. Maßgebend also ist die Bedeutung der Erfindung nach dem Stande der Technik zur Zeit der Patentanmeldung.

Es ist also festzustellen, welches die Aufgabe ist, die der Anmelder löst, und daraus ergibt sich, daß je nach der Größe der Aufgabe der Schutz ein weiterer oder ein engerer ist. Man spricht bei Patenten, die eine weite Aufgabe lösen, von sogenannten Pioniererfindungen. Das Patentamt hat oft ausgedrückt, z. B. in der Entscheidung:[1]) „Die Erfindung hatte völlig freies Feld und stand nicht anderen, bereits bekannten Ausführungsformen gegenüber. Bei solchen Erfindungen entspricht es der reichsgerichtlichen Judikatur, den Umfang des Patentschutzes nicht auf die in der Patentschrift angegebene besondere Form der Ausführung einzugrenzen, sondern ihn nach Maßgabe des Erfindungsgedankens zu bemessen, der sich in der konkreten Ausgestaltung nicht erschöpft."

Die Bestimmung der Aufgabe geschieht nach dem Patentanspruch und Patentschrift, Berücksichtigung der Akten auf eventuelle Verzichte oder Einschränkungen, und im Zweifel nach dem Stande der Technik. Ergibt sich, daß der Erfinder sich auf eine konkrete Gestaltung, auf konkrete Mittel eingeschränkt hat, so wird dadurch auch die Aufgabe beschränkt, die er gelöst hat und die ihm geschützt ist. Es fällt danach eine Vorrichtung, die dieselbe Wirkungsweise aufweist, denselben Zweck erfüllt wie die patentierten Mittel, nicht unter das Patent, weil die geschützte Aufgabe eine eingeschränktere ist und damit auch der Zweck.[2]) Ist der Anspruch klar, so darf die Heranziehung der Beschreibung nicht dazu führen, den Anspruch seiner gesetzlichen Bedeutung, dasjenige anzugeben, was für patentfähig geschützt wird, zu entkleiden.[3]) Wenn beispielsweise[4]) das Patent sich bezieht auf ein Verfahren und eine Vorrichtung zum Warmhalten von Nahrungsmitteln, so ist eine Vorrichtung zum Warmhalten von Teilen des menschlichen Körpers frei von dem Patentschutz. Sind dagegen derartige Einschränkungen nicht gegeben, so ist, wie erwähnt, im Zweifel der Stand der Technik maßgebend, auch wenn der Patent-

[1]) Bl. f. P.-, M.- u. Zw. 1906 S. 37.
[2]) Bl. f. P.-, M.- u. Zw. 1900 S. 176 bis 178.
[3]) Bl. f. P.-, M.- u. Zw. 1906 S. 42 bis 44.
[4]) Mitteilungen des Verbandes usw. 1911 S. 1.

anspruch eine engere Fassung hat. So sagt z. B. das Reichsgericht in der Entscheidung vom 9. Juni 1910:[1]) „War aber das Patent ein sogenanntes Pionierpatent, so steht die Enge der Fassung des Anspruchs auch dem nicht entgegen, daß man den Patentschutz nach dem wirklichen Inhalt der gemachten und offenbarten Erfindung — nach dem in der Ausführungsform enthaltenen Erfindungsgedanken — bemißt.... Darüber, ob die Beklagte auf dem von ihrem Patent betroffenen Gebiete die erste war, entscheidet der Stand der Technik als objektiver Maßstab für das, was ihre Erfindung Neues geschaffen hat. Bestimmt ist der Schutz, den sie beanspruchen kann, ohne daß es wesentlich darauf ankommt, ob sie selbst wie auch die patenterteilende Behörde davon selbständige Kenntnis hatte." Das trifft alles auch zu, sowohl wenn die eigentliche Aufgabe unbekannt ist, als auch dann, wenn die Aufgabe, die das Mittel löst, an sich bekannt ist und nur ein besonderes Mittel geschützt ist, denn auch in diesem Falle löst das Mittel eben eine besondere Aufgabe. Es ist eben die Frage nach der Aufgabe nichts als die Frage nach dem Zweck, den ein Mittel verfolgt.

Äquivalente. Das tritt insbesondere hervor bei der Frage nach der Äquivalenz in der Entscheidung über das Staubölpatent.[1]) Das Patent 118 992 hatte einen Patentanspruch zum Gegenstand, der lautete: „Verfahren zur Herstellung eines Staubabsorbierungsmittels, dadurch gekennzeichnet, daß man Vulkanöl in einem Gefäß stetig umrührt und während des Umrührens Roman- oder Portlandzement nach und nach hinzufügt, bis sich eine gleichmäßige sandartige, fettige Masse bildet, der dann vorteilhaft etwas Mirbanöl hinzugesetzt wird."

Es handelt sich um die Frage, ob ein Verfahren, bei dem Sand an Stelle von Zement genommen wurde, unter das Patent fiele. Diese Auffassung wurde vom Reichsgericht verneint, indem es ausführte, daß, da Öl und Sand als staubabsorbierende Mittel nach dem Stande der Technik bereits bekannt waren, daß dann nur die Mischung von Zement mit Öl geschützt sei. Die Beschränkung des Patentes auf Zement im Gegensatz zu

[1]) Bl. f. P.-, M.- u. Zw., XVII. Jahrg., S. 268.
[1]) Bl. f. P.-, M.- u. Zw., XVIII. Jahrg., S. 159 ff.

Sand enthielte daher nichts Widersinniges, da es bei dem Patent darauf ankam, dem Öl eine möglichst große Ausbreitung an der Oberfläche zu geben; es erhelle ohne weiteres, daß von der Verwendung des pulverförmigen Zements wegen seiner feinen und regelmäßigen Körnung an sich ein besserer Erfolg erwartet werden durfte als von der Verwendung gewöhnlichen Sandes.

Hier wird also festgestellt, daß die Aufgabe, die der Zement hier hatte, die war, nicht als Träger von Öl zu dienen, denn diese Funktion war bereits durch die Verwendung von Sand bekannt, sondern der Zement hatte hier die besondere Aufgabe, dem Öl eine möglichst große Ausbreitung an der Oberfläche zu geben. Es ist hier also nur ein besonderes Mittel geschützt. Die allgemeine Aufgabe ist bekannt. Das besondere Mittel löst aber eine besondere Aufgabe.

Diese Aufgabe bestimmt die Äquivalente. Es ist der Satz richtig, daß alle Äquivalente unter den Patentschutz fallen. Damit ist aber nichts gesagt, denn welche Mittel äquivalent sind, hängt ab von der Aufgabe, die das patentierte Mittel lösen soll. Äquivalent heißt gleichwertig in bezug auf eine Wirkung. Es kommt also auf die Wirkung an, die als tertium comparationis in Vergleich zu stellen ist. Welche Wirkung das ist, das wird durch Auslegung der Patentschrift im Zweifel nach dem Stande der Technik festgestellt. Der Umfang der Äquivalenz hängt also ab im Zweifel von der Bedeutung der Erfindung, denn danach wird die Wirkung und damit die Aufgabe festgestellt, die die konkreten, im Anspruch genannten Mittel lösen. Und an Hand dieser Wirkung wird dann festgestellt, welche Mittel nun die gleiche Wirkung besitzen, also äquivalent sind. So ist in dem obigen Beispiel Sand mit Zement nicht äquivalent, weil die Wirkung der feinen Verteilung durch den Sand nicht erreicht wird. Dagegen wäre Sand mit Zement äquivalent, wenn die geschützte Wirkung des Zements nicht nur die der feinen Verteilung gewesen wäre, sondern allgemein die, als Träger des Öles zu dienen. Wenn z. B. in dem Patent [1]) Nr. 40 379 alkoholische Salzsäure zur Darstellung von Nitrosoderivaten aus Nitrosaminen verwendet ist, so ist wässerige Salzsäure äquivalent und fällt unter das Patent, trotzdem die Verwendung

[1]) Bl. f. P.-, M.- u. Zw., II. Jahrg., S. 291.

wässeriger Salzsäure eine patentfähige Erfindung darstellen kann, da es zur Zeit der Anmeldung des Patentes nicht bekannt war, durch Behandlung mit Säure überhaupt die sekundären aromatischen Nitrosamine in ihre Nitrosoderivate überzuführen. Es ist also immer die Aufgabe, die die Äquivalenz bestimmt, und es fallen alle gleichwirkenden Mittel, wenn sie auf demselben Wege die geschützte Wirkung erzielen wie die im Patentanspruch genannten Körper, mit unter das Patent. Das gilt auch für Mittel, die erst nach der Anmeldung bekanntwerden. Es gilt auch für Mittel, die die Wirkung in schlechterem Maße erzielen wie das patentierte Mittel. Das beweist schon der unzweifelhafte Satz des Patentrechtes, „daß die Verletzung eines Patentes auch durch verschlechterte Nachbildung des Patentgegenstandes erfolgen kann".[1]) Dieser Grundsatz erleidet eine Ausnahme dann, wenn der Grad der Verschlechterung so groß ist, daß die auf der Verletzung beruhende Wirkung ohne wesentlichen Einfluß auf das Resultat ist.[2]) Ist die Wirkung eine bessere, so mag das besondere Mittel an sich patentfähig sein, fällt aber nicht aus dem Schutzumfang heraus, wie oben bei der Verwendung der wässerigen Salzsäure an Stelle der alkoholischen Salzsäure angegeben.[3]) Am maßgebendsten für den Schutzumfang ist also regelmäßig die Feststellung der Aufgabe.

Erfindungsgedanke. Es findet sich das auch, wie auch die obenerwähnte Entscheidung zeigt, in dem Ausdruck „Erfindungsgedanke" verkleidet. Der Erfindungsgedanke ist eine Abstraktion aus der Vollerfindung, zu der auch die Angabe der konkreten Mittel zur Ausführung der Erfindung gehört. Es wird abstrahiert von Merkmalen bei der Feststellung des Erfindungsgedankens. Und zwar wird abstrahiert von den konkreten Merkmalen. Der Erfindungsgedanke ist also noch keine vollständige Erfindung, insoweit, als noch Merkmale nicht im Erfindungsgedanken aufgenommen sind, die konkreter Natur sind und zur Verwirklichung der Erfindung benötigt werden. Patentiert werden regelmäßig nur die Mittel, weil nur sie der Verkörperung angehören und weil nur die Verkörperungen

---

[1]) Reichsgericht, Bl. f. P.-, M.- u. Zw., XV. Jahrg., S. 306 ff.
[2]) Bl. f. P.-, M.- u. Zw., XVII. Jahrg., S. 15.
[3]) Bl. f. P.-, M.- u. Zw., II. Jahrg., S. 291 ff.

dem Zugriff unterliegen können. Aber welche Mittel nun geschützt sind, das bestimmt man, indem man rückwärts von den geoffenbarten Mitteln schließt auf die zugrunde liegende Aufgabe. Das gilt nicht nur, wie oben erwähnt, bei den Äquivalenten. Auch andere Durchführungsformen der Erfindung werden geschützt, wenn sie denselben Erfindungsgedanken, oder mit anderen Worten, dieselbe Aufgabe zur Lösung bringen.

Aufgabe und Erfindungen. Das trifft zu nicht nur bei den sogenannten Aufgabe-Erfindungen, d. h. bei Erfindungen, bei denen in der Stellung der Aufgabe das erfinderische Moment liegt, während die Mittel zur Lösung der Aufgabe für den Fachmann, wenn die Aufgabe einmal gegeben ist, ohne weiteres naheliegen, beispielsweise in dem Patent, [1]) bei dem es sich um die Anbringung einer Fußbank bei Nähmaschinen handelt (das Erfinderische lag hier in der Erkenntnis, daß eine solche Fußbank ein Bedürfnis wäre, also in der Erkenntnis der Aufgabe). Oder in dem Patent 101 995; dieses Patent hatte die Ansprüche:

1. Selbsttätig wirkende Vorrichtung zur Entfernung der Zündpille aus dem Flammenbereiche, dadurch gekennzeichnet, daß die lebendige Kraft der von der Flamme aufsteigenden heißen Gase zur Inbetriebsetzung einer die Zündpille bewegenden Vorrichtung benutzt wird.

2. Eine Ausführungsform der durch Anspruch 1 geschützten Vorrichtung, dadurch gekennzeichnet, daß mittels des von der Flamme erzeugten Luftstromes ein über dem Zylinder auf schrägstehender Achse montiertes, die Zündpille tragendes Flügelrad in Bewegung gesetzt wird.

In der Nichtigkeitsklage wurde der Anspruch 1 gestrichen und das Patent auf Anspruch 2 beschränkt,[2]) da der Anspruch 1 nur eine Aufgabe enthalte, die Erfindung aber erst in der Erreichung des in Anspruch 1 bezeichneten Ziels mit den in Anspruch 2 beschriebenen technischen Mitteln liege. Trotzdem wurde eine Konstruktion, bei der ein aufklappbarer Deckel mit Zündpille am Zylinder angebracht war, für unter das Patent fallend bezeichnet, da nach dem Stande der Technik zur Zeit der Anmeldung durch das Flügelrad zum ersten Male die Auf-

[1]) Bl. f. P.-, M.- u. Zw., II. Jahrg., S. 5.
[2]) Bl. f. P.-, M.- u. Zw., X. Jahrg., S. 330.

gabe gelöst sei, die Zündpille durch Benutznng des von der Flamme aufsteigenden heißen Luftstroms aus dem Bereich der Flammenhitze zu bringen. Danach fallen auch andere Lösungen derselben Aufgabe, z. B. die mit dem aufklappbaren Deckel an Stelle der Zündpille, unter das Patent. In diesem Fall ist also ein Patent, das nicht die Aufgabe als solche schützt, sondern die konkreten Mittel, trotzdem auf andere Durchführungsformen derselben Aufgabe ausgedehnt worden. Es bedarf in der Patentschrift nur der rein empirischen Angabe der Mittel zur Erreichung eines bestimmten Erfolges. Nichtsdestoweniger ist natürlich eine Durchdenkung der Erfindung von Bedeutung, weil man damit von vornherein die Ansprüche möglichst weit fassen kann, denn diese Ausdehnung findet ja nur statt im Zweifel, und wenn der Anspruch von vornherein weit gefaßt ist, ist größere Klarheit über den Patentumfang von vornherein gegeben. Es ist dabei gleichgültig, wie oben bei dem Beispiel der Äquivalente gezeigt, ob die späteren Ausführungen eine Verbesserung darstellen; sie können sogar patentfähige Erfindungen darstellen und fallen doch unter das frühere Patent.

Übertragung. Auch fällt eine Übertragung des Patentes auf andere Aufgaben unter den Patentschutz, wenn diese Übertragung für den Fachmann ohne weiteres gegeben ist, weil dann die geschützte Aufgabe eine Aufgabe ist, die die Aufgabe, auf die die Mittel übertragen werden, mit umgreift. Anderer Meinung ist Schanze,[1]) der eine Übertragung auch dann für mitgeschützt erachtet, wenn sie für den Fachmann nicht gegeben ist.

Ein grundsätzlicher Unterschied zwischen einem Pionierpatent und einem anderen Patent existiert also nicht. Bei einem Pionierpatent ist nur die Aufgabe, die gelöst ist, eben eine weitere Aufgabe als bei einem anderen Patent. Das Pionierpatent hat die Fälle im Auge, daß jemand eine Aufgabe zum erstenmal löst. Es handelt sich aber überall nur um die Festlegung der Aufgabe, die in einem Fall weiterumfassend ist als im anderen.

[1]) Mitteilungen des Verbandes usw., XVIII. Jahrg., S. 16.

Unvollkommene Nachbildungen. Daß unvollkommene Nachbildungen unter das Patent fallen, ist bereits früher erwähnt. So wird z. B. ein Patent 90 963, das ein Verfahren zum Räuchern von Fischen schützt, bei dem die nicht mit der Haut des Fisches bedeckten Fleischteile desselben durch einen Überzug von Blase, Darm oder dergl. versehen werden, verletzt, wenn nur an der Innenseite des gespaltenen Fischkörpers Stellen mit einem Überzug geschlossen wurden[1]) (ferner Entscheidung [2]) und[3])), es sei denn, daß die geschützte Wirkung in so geringem Maße erreicht wird, daß von einer Benutzung des Erfindungszweckes nicht die Rede sein kann.[4]) Das Reichsgericht hat zwar in der Entscheidung [5]) gesagt, es ist gerechtfertigt, bei Ausdehnung des Patentes über den Wortlaut des Anspruchs hinauszugehen, wenn der weitergreifende Gedanke einen technischen Fortschritt bedeutet und als solcher vom Anmelder erkannt ist. Doch kann das nicht bedeuten, daß der Anmelder nun die Aufgabe erkannt haben muß, die er wirklich löst. Es genügt, daß er die Mittel angibt.

Teilschutz. Wie schon früher ausgeführt, bestehen fast alle Erfindungen aus einer Vereinigung einzelner Teile, insbesondere bestehen ja die Verfahren in der Regel aus einer Vereinigung einzelner Stoffe, die an und für sich bekannt sind. Aber auch Erfindungen an Einrichtungen bestehen aus einem Komplex. Nun kann, wie erwähnt, nicht bloß die Vereinigung der Teile, sondern auch die einzelnen Teile selbst können neu und erfinderisch sein. Wenn bei dem Beispiel von Unruhe und Feder in der Uhr die Feder an und für sich eine Erfindung darstellen würde, so wäre die Frage die, ob bei einem Patent auf die Kombination von Feder und Unruhe, ob man da neben der Vereinigung auch den einzelnen Teil, die Feder, falls er erfinderisch ist, in demselben Patent geschützt erhalten kann, falls man einen Anspruch nur auf die Kombination aufgestellt hat. Die Bejahung der Frage bedeutet, daß ein einziges Patent mehrere Erfindungen gleichzeitig in

---

1) Bl. f. P.-, M.- u. Zw. 1906 S. 37 bis 39.
2) Bl. f. P.-, M.- u. Zw. 1910 S. 157.
3) Bl. f. P.-, M.- u. Zw. 1920 S. 33.
4) Bl. f. P.-, M.- u. Zw. 1912 S. 226.
5) Bl. f. P.-, M.- u. Zw. 1911 S. 289.

einem einzigen Anspruch schützen kann. In der grundlegenden Entscheidung des Reichsgerichts vom 18. Januar 1890[1]) ist diese Frage bejaht: „Hat der Erfinder eine neue Maschine dargestellt, welche zwar durch das zweckmäßige Zusammenwirken einer Zahl einzelner Teile den erstrebten Gesamterfolg herbeigeführt, aber an diesen einzelnen Teilen zeigen sich gegenüber den bis dahin bekannten Konstruktionsteilen erhebliche Verbesserungen, so darf ihm der Patentschutz für den einzelnen Teil nicht um deswillen entzogen werden, weil sich der Erfinder nicht auf diese Verbesserung eines einzelnen Teils eingeschränkt hat. Man darf auch nicht fordern, daß der Erfinder bei der Patentnachsuchung dies zum Ausdruck zu bringen habe, daß und welche einzelnen Teile er neben der Gesamtkonstruktion für sich patentiert haben wolle. Bei zusammengesetzten Maschinen würde solche Forderung zu den monströsesten Patentansprüchen führen. Es ist vielmehr davon auszugehen, daß das Patent der Gesamtkonstruktion auch die einzelnen Teile deckt, soweit dieselben für sich als neue Erfindungen anzuerkennen sind."

Hier wird also ein Patentschutz auch gewährt für die Teile, und auch dann, wenn diese Teile nicht Gegenstand von Patentansprüchen sind. Die rechtliche Schwierigkeit liegt darin, daß Schutz gewährt wird für Erfindungen, die als s o l c h e in der Regel nicht geprüft und nicht beansprucht sind, denn die Teile waren nicht einmal Gegenstand eines Anspruchs. In der Entscheidung vom 30. Dezember 1908[2]) hat das Reichsgericht diesen Standpunkt, den es in der obigen Entscheidung eingenommen hat, eingeschränkt, indem es ausführt, daß die einzelnen Teile, das Einzelelement nur insoweit geschützt sei, als es in der funktionellen Bedeutung benutzt wird, die ihm in der Kombination zukommt. Das bedeutet also eine Einschränkung auf gewisse Wirkungen. Der Teil ist nicht allgemein geschützt, sondern er ist nur geschützt, soweit er für gewisse Wirkungen verwendet wird. Dieser Standpunkt des Reichsgerichts wird bekämpft, z. B. von Isay (Kommentar, 3. Auflage S. 197), der da meint, daß eine Einschränkung, der Wirkung des Patentes auf einzelne Zwecke nicht zulässig

[1]) Patentblatt 1892 S. 457.
[2]) Bl. f. P.-, M.- u. Zw., XV. Jahrg., S. 117.

ist, da, wie ja auch früher ausgeführt worden ist, das Patent alle Anwendungen decke.

Diese Entscheidung des Reichsgerichts bezog sich auf die Fälle, in denen ein besonderer Anspruch für einen Teil nicht aufgestellt war, wo also der Schutz von den Gerichten und nicht von dem Patentamt gewährt wurde. Wenn aber ein Patentanspruch aufgestellt ist in Selbständigkeit, so hat darauf die Einschränkung des Reichsgerichts keinen Bezug, hier wird also der Teil für alle Wirkungen geschützt (vergl. Dunkhase, Prüfung der Erfindung auf Patentfähigkeit, S. 12 bis 15).

Der Erfinder wird also gut tun, für die einzelnen Teile, soweit sie selbständige Erfindungen sind, besondere Ansprüche aufzustellen. Hat er das nicht getan, hat er nur die Kombination beansprucht, so kann er nicht gezwungen werden, die Einzelteile besonders in besonderem Anspruch unter Schutz zu stellen; das bleibt seinem eigenen Ermessen überlassen.[1])

Nun wird aber doch dadurch, daß den einzelnen Teilen selbständiger Schutz gewährt wird durch die Gerichte, auch wenn keine besonderen Ansprüche vorliegen, eine große Rechtsunsicherheit erzeugt, denn mit einem Male wird hier Schutz gegeben für Dinge, die weder geprüft noch ausgelegt sind, und wobei man aus der Patentschrift nichts über ihren selbständigen Schutz entnehmen kann. Deswegen hat auch die Anerkennung des Teilschutzes Widerspruch hervorgerufen, und sie hat zweifellos ihr großes Bedenken.

Prüfungspflicht des Patentamts. In einer Entscheidung [2]) hat das Patentamt sich folgendermaßen über seine Prüfungspflicht der einzelnen Teile ausgesprochen.

„Was nun die Teilverletzung eines Kombinationspatentes anbetrifft, so wird im allgemeinen davon auszugehen sein, daß es die Gerichte sind, die über den Teilschutz zu befinden haben, da erst der Verletzungsfall den Tatbestand der Teilverletzung schafft. Diese Regelung trägt im allgemeinen auch dem praktischen Bedürfnis Rechnung, da der Anmelder zur Zeit der Anmeldung meist noch gar nicht wissen und angeben kann, ob und welche Einzelteile Gegenstand einer Verletzung seines

[1]) Bl. f. P.-, M.- u. Zw. 1912 S. 323.
[2]) Bl. f. P.-, M.- u. Zw. 1912 S. 323, Beschwerdeabteilung II.

Patentes werden können. Das Patentamt wird deshalb im Falle einer wirklichen, an sich zweifelfreien Kombinationserfindung regelmäßig nur zu prüfen haben, ob die Kombination als solche neu und patentfähig ist, und es wird dann lediglich diese Kombination nach den üblichen Grundsätzen im Anspruch festzustellen sein. Auf der anderen Seite ist es selbstverständlich, daß das Patentamt nicht auf jedwede Prüfung der Kombinationsteile verzichten darf. Diese Prüfung wird bei den in der Praxis üblichen Kombinationserfindungen, die nicht etwas völlig Neues bringen, sondern sich an bekannte Dinge anschließen, unter dem Gesichtspunkte der Würdigung des Standes der Technik zur Zeit der Anmeldung nicht entbehrt werden können. Sie wird namentlich dann von Bedeutung sein, wenn von der technischen Eigenschaft und Wirkungsweise der Einzelteile die Bewertung der Kombination als solcher abhängig ist. Eine Entscheidung über den Teilschutz (§ 4 des Gesetzes) wird mit dieser Prüfung nicht bezweckt."

Wenn das Patentamt dann in solchem Fall nun einmal die Prüfung vollzogen hat, so wäre es richtiger, wenn es nun auch der Prüfung Ausdruck gibt in der Beschreibung und dem Anspruch.

Teilverletzung. Eine teilweise Verletzung des Patentes kann auch dadurch herbeigeführt werden, daß von den im Anspruch angegebenen Mitteln eins oder einige weggelassen werden. Eine Verletzung des Patentes ist dann gegeben, wenn diese Merkmale überflüssig waren zur Erreichung des Erfolges, wenn es sich also um sogenannte Überbestimmungen des Patentanspruchs handelt. Aber auch wenn die Benutzung der durch die weggelassenen Merkmale gekennzeichneten Mittel beitrug zum Erfolg, so ist eine Verletzung doch dann gegeben, „wenn greifbare technische Teilerfolge, die zur Herbeiführung des technischen Endproduktes dienen und bei der älteren Erfindung mittels erfinderischer Tätigkeit erzielt waren, auch bei der neuen Erfindung mit den gleichen technischen Mitteln hergestellt und zur Herbeiführung des Endproduktes benutzt wurden". [1]) Es ist dabei gleichgültig, ob durch das Weglassen

[1]) Reichsgericht vom 7. Febr. 1912, Bl. f. P.-, M.- u. Zw. 1912 S. 157. — Dunkhase, Der Patentschutz, S. 18.

des Mittels ein verschlechterter oder verbesserter Erfolg erzielt wurde. Im letzteren Fall ist vielleicht eine Erfindung durch das Weglassen gemacht worden, aber es ist eine abhängige Erfindung. Ebenso ist eine Benutzung der Erfindung gegeben, wenn außer den im Patentanspruch angegebenen Mitteln noch weitere Mittel benutzt werden, falls damit der durch das Patent erreichte Enderfolg gleichfalls, sei es in verbesserter oder verschlechterter Weise, erreicht wird.

Teilverletzung des Verfahrens. Was hier gesagt ist über die Teile, trifft auch zu bei Verfahren. Ein Verfahren wird schon dann verletzt, wenn wesentliche Teile des Verfahrens benutzt werden. Es genügt also zum Beispiel, daß der Nachahmer erst bei einem Abschnitt des Verfahrens einsetzt und es bis zum Ende führt, wenn dieser Teil der wesentliche des geschützten Verfahrens ist. So wurde bei der Herstellung von Jonon das Patent dadurch verletzt, daß der Nachahmer bei dem ersten Teil das Verfahren anders gestaltete, aber von dem Zwischenprodukt Pseudojonon bis zum Endprodukt Jonon das gleiche Verfahren anwendete. Hierin lag eine Verletzung des Patentes, da dieser Teil des Verfahrens der wesentliche war.[1])

Haupt- und Nebenansprüche. So zeigt die Entscheidung,[2]) betreffend das Lanolinpatent, bei dem es sich um ein Verfahren aus zwei Abschnitten handelte, im ersten das Reinigen des Wollfetts und im zweiten das Zusammenkneten des gereinigten Wollfetts mit Wasser, daß in der Benutzung des letzten Abschnittes allein ohne den ersten Abschnitt eine Patentverletzung läge, da der wesentliche Erfindungsgedanke in der Erkenntnis lag, daß gereinigtes Wollfett mehr Wasser aufnimmt als ungereinigtes.

Das Ausgeführte führt zur Frage der Aufstellung mehrerer Ansprüche in einem Patent. Unteransprüche sind, wie schon früher auseinandergesetzt, solche Ansprüche, die zu einem Hauptanspruch im Verhältnis der Unterordnung stehen. Nebenansprüche sind solche, wenn mehrere Erfindungen in einer Er-

[1]) Reichsgericht, Bl. f. P.-, M.- u. Zw. 1908 S. 185.
[2]) Patentblatt 1892 S. 290.

findung vereinigt sind, wobei jede der Erfindungen für sich außerhalb der Vereinigung ihre selbständige Bedeutung hat.

Bei Nebenansprüchen handelt es sich um vollkommen selbständige Erfindungen, die auch selbständig geprüft werden auf Erfindungsqualität, da sie ja Merkmale des Hauptanspruchs nicht in sich aufgenommen enthalten.

So ist eine selbständige Verletzung eines nebengeordneten Anspruchs durchaus möglich. Die Verletzung eines untergeordneten Anspruchs ist dagegen ohne Verletzung des Hauptanspruchs nicht möglich.[1])

Man darf sich aber dabei nicht durch die äußere Form stören lassen in der Feststellung, ob ein Unteranspruch oder ein Nebenanspruch vorliegt, da in der Regel die Ansprüche die Zurückbeziehung aufeinander (nach Anspruch 1 usw.) besitzen, also die Form von Unteransprüchen haben.

Besteht das Verfahren aus mehreren Abschnitten, so kann auch die Übereinstimmung mit einem Abschnitt, z. B. dem ersten Abschnitt des Verfahrens, ohne daß man zu dem gleichen Endprodukt kommt, eine Verletzung des Patentes darstellen, wenn dieser Teil des Verfahrens entweder der wesentliche Teil oder eine selbständige Erfindung ist,[1]) wie das bei Teilen an der Maschine der Fall sein kann, denn dieselben Gesichtspunkte für den Teil, der geschützt ist, treffen auch hier zu. Es handelt sich also in diesem Fall nicht um die Frage, ob der benutzte Teil ein wesentlicher Teil des geschützten Verfahrens ist.

Zwischenprodukte. Diese Frage ist besonders bedeutungsvoll bei dem sogenannten Schutz von Zwischenprodukten, wenn also ein Verfahren aus mehreren Abschnitten besteht und es wird aus dem ersten Abschnitt des Verfahrens ein Zwischenprodukt erhalten, das nun im zweiten Abschnitt des Verfahrens weiterverarbeitet wird zu dem Endprodukt. So sagt das Reichsgericht in einer Entscheidung vom 14. Mai 1898: Es hat (das OLG.) als richtig angenommen, daß eine Patentverletzung vorliegt, wenn Beklagte auch nur bis zum Zwischenprodukt sich das Verfahrens der Klägerin bedienten.[1]) Es wird

[1]) Seligsohn, Kommentar, 6. Aufl., S. 313.
[1]) a. M. Dunkhase, Patentschutz, S. 19.
[1]) Bl. f. P.-, M.- u. Zw. 1899 S. 8.

aber, wie erwähnt, darauf ankommen, ob dieser Teil, der benutzt ist, der wesentliche Teil der Erfindung oder ob er selbst eine Erfindung ist. Das Reichsgericht hat in einer Entscheidung [1]) sich nochmals mit derselben Frage zu beschäftigen gehabt, die ihm in der obenerwähnten Entscheidung vom 14. Mai 1898 vorlag. Es kam da zu einer umgekehrten Entscheidung infolge der besonderen Lage des Falles und führt aus: Es ist zwar richtig, daß auch bei chemischen Patenten sich Fälle denken lassen, in welchen auch in der nur teilweisen Benutzung eines patentierten Verfahrens eine Teilverletzung zu erblicken ist, wenn unter Abänderung eines Teils des patentierten Verfahrens derselbe Stoff gewonnen wird, wie bei Innehaltung des patentierten Gesamtverfahrens; hat aber die Beklagte tatsächlich einen technisch für anders anzusprechenden Stoff hergestellt, so würde der Umstand, daß sie dazu nur das Verfahren der Spalte 1, ohne Abänderung angewandt hätte, für sich allein keine Patentverletzung darstellen. Das Verfahren dieser Spalte war an sich nicht neu.... Eine Erfindung lag also nicht in diesem Verfahren an sich, sondern nur in dem Verfahren, soweit es einen für sich wertvollen, technisch neuen Stoff ergab; das Zwischenprodukt war ein gewerblich verwertbarer neuer Stoff nicht. Nach der Entscheidung scheint das Reichsgericht einen selbständigen Schutz der Zwischenprodukte abzulehnen, da es als Bedingung die Erreichung des gleichen Endproduktes hinstellt. Ebenso verneint Dunkhase [2]) einen selbständigen Schutz der einzelnen Abschnitte eines Verfahrens.

Kritik der jetzigen Praxis. Die jetzige Praxis der Gerichte der Feststellung des Umfanges eines Patentes nach dem Stande der Technik hat sehr bedenkliche Erscheinungen gezeigt. Vor dem Patentamt begnügt sich der Anmelder mit einem Patentanspruch, der scheinbar ein enges Gebiet umgrenzt. Er nimmt in den Patentanspruch Merkmale hinein, die als selbständige Ansprüche aufzustellen er sich scheut. Er stellt Patentansprüche auf mit einer großen Zahl von Merkmalen, das Ganze macht einen bescheidenen Eindruck. Das

---

1) Bl. f. P.-, M.- u. Zw. 1901 S. 131.

2) Patentschutz S. 19.

Bild ändert sich, wenn er das Patent einmal erhalten hat. Dann werden die einzelnen Merkmale mit einem Male als Teilschutz selbständig beansprucht, andere Merkmale des Patentanspruchs werden als nicht wesentlich hingestellt, kurz, das ganze Patent wird aufgeblasen, immer in der Erwartung, bei der Unsicherheit der Entscheidung der Gerichte durch die jetzige Praxis bei dem Gegner Eindruck zu erwecken und vielleicht auch im Prozeß zu siegen. Es ist jetzt nicht möglich im allgemeinen, mit einer gewissen Wahrscheinlichkeit vorauszusagen, ob diese oder jene Maßnahme noch unter ein Patent fällt oder nicht, mit einiger Sicherheit den Umfang eines Patentes festzulegen; kurz, die Unsicherheit ist so groß, daß die Klagen immer zunehmen.

Man hat auch nach Abhilfe gesucht, und Hermann Isay hat die Abhilfe darin gesehen, daß den Gerichten verwehrt sei eine einengende Auslegung des Patentes; eine ausdehnende Auslegung an Hand des Standes der Technik durch die Gerichte sei zulässig. Er begründet das damit, daß nur dieser Standpunkt dem System des Gesetzes entspreche. Schließlich kann man aber auch sagen, daß auch die ausdehnende Auslegung ebensowenig dem System des Gesetzes entspräche, denn schließlich kann man meinen, daß alles, was geschützt ist, auch den Weg durch das Patentamt gemacht haben soll, es soll geprüft sein und es soll ausgelegt sein. Das ist aber bei der ausdehnenden Auslegung nicht der Fall; z. B. bei dem Teilschutz ist der einzelne Teil nicht geprüft und als solcher nicht ausgelegt. Bei der einengenden Auslegung ist doch immerhin das, was übrigbleibt, nur ein Teil von dem, was geprüft ist. Bei der ausdehnenden Auslegung dagegen bekommt das Patent ein ganz anderes Gesicht. Die Gefahren der Unsicherheit bleiben also, auch bei der Isayschen Auffassung.

Buchdruckerei
Otto Walter / Berlin S 14
Kommandantenstr. 44 a

Kolibri 360 GmbH
Ferdinand-Jühlke-Straße 7
99095 Erfurt, Deutschland
produktsicherheit@kolibri360.de